Mitos da Água

Mitos da Água

Raïssa Cavalcanti

Mitos da Água

As imagens da alma no seu caminho evolutivo

EDITORA CULTRIX
São Paulo

Copyright © 1997 Raïssa Cavalcanti.

CAPA: "Chuvas", de Claudio Tozzi.

Edição	Ano
1-2-3-4-5-6-7-8-9	98-99-00

Direitos reservados
EDITORA CULTRIX LTDA.
Rua Dr. Mário Vicente, 374 – 04270-000 – São Paulo, SP
Fone: 272-1399 Fax: 272-4770
E-mail: pensamento@snet.com.br
http://www.pensamento-cultrix.com.br

Impresso em nossas oficinas gráficas.

O melhor dos homens é como a água;
A água a todas as coisas beneficia
E não compete com elas.
Ocupa (os humildes) locais vistos por todos com desdém,
Nos quais se assemelha ao Tao.

Lao Tsé

In Memoriam de Diaulas Riedel.

Sumário

Introdução 11

Parte I. Águas Masculinas

Capítulo 1. Oceano: A Água Primordial. 21
Capítulo 2. Os Velhos do Mar: Fórcis, Proteu e Nereu 36
Capítulo 3. Posídon: O Deus-Cavalo 50
Capítulo 4. Tritão: O Mensageiro de Posídon 66
Capítulo 5. Glauco: Aquele que Possui a Cor Azul-clara
do Mar 78
Capítulo 6. Os Deuses-Rios: Aquelôo, Escamandro, Céfiso ... 95
Capítulo 7. Os Rios do Mundo Inferior 111
Capítulo 8. Zeus: O Deus Chuvoso 135

Parte II. Águas Femininas

Capítulo 1. Tétis: A Senhora das Águas Universais. 155
Capítulo 2. As Ninfas 174
Capítulo 3. As Filhas de Nereu: As Nereidas 190
Capítulo 4. As Fontes e suas Ninfas: As Náiades
ou Crenéias 205
Capítulo 5. Os Lagos, as Lagoas e suas Ninfas:
As Limneidas 223
Capítulo 6. As Sereias. 238

Bibliografia 253

Introdução

As narrações míticas, as concepções filosóficas e as idéias religiosas mais antigas conservam resquícios de uma memória ancestral do homem, de um conhecimento universal essencial, e são, ao mesmo tempo, uma tentativa de elaboração e compreensão do mistério das origens do cosmo, da vida e do seu processo evolutivo. O mito é, assim, um dos caminhos que nos trazem a possibilidade de religação com as fontes mais antigas deste conhecimento esquecido. E, por isso mesmo, o mito tem um papel religioso fundamental no que se refere a religação do homem com o conhecimento espiritual, com as suas fontes divinas.

A Mitologia é um dos mais antigos repositórios do conhecimento humano. Assim, através da interpretação dos mitos, venho desenvolvendo um trabalho que tem como finalidade resgatar este conhecimento adormecido no inconsciente, restaurando e vitalizando o significado mais profundo contido nestas narrações. Neste livro desejo recuperar essa memória ancestral e fazer a investigação do processo evolutivo e da finalidade espiritual da vida humana. Desta forma, escolhi os mitos relacionados com a água, considerada um dos elementos essenciais formadores da vida, a "Prima Matéria", pois acredito que o projeto evolutivo do homem está ligado à evolução do cosmo como um todo. A antropogênese está relacionada à cosmogênese. A criação do homem e o seu desenvolvimento fazem parte de um grande plano divino. Neste trabalho recorri às fontes mais antigas do conhecimento humano como auxílio para a minha interpretação, como os Upanishades, os Hinos Védicos, o Mahabharata, o Ramayana, a Cabala, a Alquimia Ocidental e Oriental, etc.

Um destes textos, o *Bhagavad Gïta*, concebe Deus como a origem do universo, em cuja natureza há oito formas elementais:

"Em minha natureza há oito formas elementais conhecidas como: Terra, Água, Fogo, Ar, Éter, Mente, Razão e Consciência Individual.

"Mas, além destas formas da minha natureza material, possuo uma natureza espiritual, superior e mais nobre: é o Princípio que vivifica e sustenta o universo.

"Sabe que os elementos de que falei são a matriz de toda a criação. Eu, porém, sou a fonte de que toda a criação provém e à qual tudo volta."[1]

Os filósofos pré-socráticos diziam que o universo foi gerado de uma matéria única e original: a "Prima Matéria". Embora compartilhassem desta idéia universal e arquetípica, divergiam quanto à identificação desta matéria. Tales de Mileto disse que a água é a origem de todas as coisas e para onde tudo retorna, fonte do movimento e da vida no universo. Para este filósofo, a água é um elemento divino e Deus é aquela inteligência que tudo faz da água.

Anaximandro afirma que a "Prima Matéria" não é a água, nem algum dos outros assim chamados elementos, mas uma outra natureza ilimitada, da qual tudo teria se formado. Ele chamava a matéria-prima de "Apeiron", o ilimitado.

Para Anaxímenes de Mileto, o ar era o elemento originante de todas as coisas, o elemento vivo que constitui as coisas através da condensação ou rarefação. Xenófanes de Cólofon diz que o mar é a fonte da água, fonte do vento: no mar imenso nascem as nuvens, os ventos, os rios.

Para Heráclito de Éfeso, o fogo se transforma em todas as coisas e todas as coisas se transformam em fogo. E o fogo periódico e eterno é Deus. Aristóteles construiu a sua idéia da "Prima Matéria" como uma potencialidade ainda sem forma.

No panteão grego havia um deus chamado Zeus de Dodona, considerado o senhor dos quatro elementos e que em Roma ficou conhecido como Júpiter Mundus. Os hindus possuíam o deus Brahma de quatro faces, que reinava sobre os quatro elementos.

Os gregos, como os hindus, falavam ainda de um quinto elemento, o Éter, que seria a síntese dos outros. E, entre os judeus, a tenda que continha o "Sanctum Sanctorum" era um símbolo cósmico, representando os quatro pontos cardeais, os quatro elementos e a sua síntese, o Éter.

Para Platão, os quatro elementos eram "aquilo que compõe e decompõe os corpos compostos". O Fogo, o Ar, a Água e a Terra eram somente o revestimento aparente, os símbolos das Almas ou Espíritos visíveis que a tudo impregnavam de vida. Platão e os pitagóricos chamavam a Substância Primordial de a Alma do Mundo, impregnada pelo espírito daquele que fecunda as Águas Primitivas.

A Cabala diz que o Ain-Sofh, o Deus-Deus, o Não-Manifesto, o Incognoscível, se manifesta a Si mesmo através dos dez Sefirot. O Infinito imutável não pode querer, pensar e atuar. Para fazê-lo deve converter-se em Finito, e o faz através de Sephira, o poder ativo. Quando este poder ativo surge dentro da unidade, ele é feminino; quando assume o papel de criador, ele é masculino. Sephira forma os dois primeiros Sefirot: Abba, o Pai, e Amona, a Mãe; Hokhmah, a potência masculina, e Binah, a potência feminina. Estas duas potências formam com Sephira uma trindade, ou a Coroa Kether. O Sephira feminino é chamado pelos cabalistas de o Grande Mar, as Águas Primordiais. Da dualidade de Sephira se originam os outros sete Sefirot.

Os Sefirot são assim os aspectos do ser de Deus, as suas qualidades e os meios de sua aparição ao homem, que se revelam a partir do Ain-Sofh. Os estudiosos da Cabala usavam vários sinônimos para os Sefirot como: luzes, nomes, estágios, coroas, espelhos, fontes e as faces internas de Deus. Os Sefirot são descritos pelos cabalistas como receptáculos ou cálices que compõem a Árvore da Vida. Esta Árvore é um dos inúmeros diagramas da estrutura da criação, tal como ela se manifesta a partir do Ain-Sofh para baixo, através dos Sefirot. A Árvore dos Sefirot representa o universo. O Sefirot é o tecido de conexão entre o Deus infinito e o mundo finito. A água, como um elemento primordial da criação, pode ser considerada um Sefirot, uma destas dez emanações divinas. A água é tanto um receptáculo para a vontade de criação divina como a sua emanação. A água, como dizem os textos antigos, é uma das formas elementais através das quais a Unidade Infinita, o Eterno não-revelado, se manifesta.

A água é uma das representações da Substância Primordial à qual também se referem os alquimistas, e que serviu de tema para as investigações filosóficas. Todas estas concepções filosóficas são tentativas de explicar o mistério das origens do universo, cuja complexidade está distante da possibilidade de compreensão humana.

A água, simbolicamente, é um dos elementos divinos manifestados, e assim é universalmente vista como a matéria substancial para a formação de tudo aquilo que é vivo, a fonte original da criatividade e o símbolo universal da fertilidade e da fecundidade. Os alquimistas diziam que uma coisa não pode ser transformada sem antes ter sido reduzida a sua "Prima Matéria", a água. No sentido psicológico, a água é o reservatório de toda a pulsão de vida.

O tema das águas primordiais, símbolo da totalidade divina, aparece com bastante freqüência nas cosmogonias arcaicas. As águas, como diz Mircea Eliade, simbolizam a soma universal das virtualidades; elas são "fons et origo", o reservatório de todas as potencialidades de existência; elas precedem toda e qualquer forma e suportam qualquer criação, qualquer construção firme, qualquer manifestação cósmica.[2] A noção da água como fonte primordial da vida pode ser considerada universal; assim se constituíram as variações do mesmo tema arquetípico, que sempre apareceu nas mais diferentes áreas e tradições culturais.

Na maioria das tradições religiosas a água é considerada a "Prima Matéria", a matéria-prima da criação. E a maior parte das cosmogonias se refere à água como o mais antigo dos elementos. Na cultura judaica e cristã a água é o símbolo do primeiro lugar, a origem da criação. Ela é a semente, o "mem" (M), que simboliza a água sensível da qual tudo se origina. O "M" é a mais sagrada de todas as letras, é masculina e feminina ao mesmo tempo e foi criada para simbolizar a Água original, o Grande Oceano e suas ondas.

No Gênesis, o Sopro ou Espírito de Deus pairava sobre as águas. Da mesma forma, o ovo cósmico Bramanda foi chocado na superfície das águas. Na mitologia hindu, o deus Nārāyana flutuava sobre as águas primordiais, e de seu umbigo brotava a árvore cósmica. Na mitologia egípcia, Kneph, o Deus Eterno, não-revelado, era representado por uma serpente, símbolo da Eternidade, enroscada em torno de um vaso com água, a cabeça suspensa sobre a água que ela fecundava com um sopro.

Para os polinésios, no princípio só existiam as águas primordiais mergulhadas nas trevas cósmicas, até que IO, o deus supremo, exprimiu o desejo de sair do seu repouso. Para os hindus, a água é a Prakriti; para os chineses, ela é Wu-Ki; para os taoístas, a água representa o prana, o sopro vital.

O mito pelásgico da criação descreve a deusa Eurínome dançando sobre a superfície das águas primordiais, onde, logo depois de se unir a uma serpente chamada Ofião, transformou-se em uma pomba que botou e incubou o Ovo Universal, de onde saíram todas as coisas. Um antigo mito finlandês diz que, antes do nascimento do tempo, a Virgem deusa das águas deixa que seu joelho apareça na superfície das águas primordiais. O pato, o senhor do ar, põe aí sete ovos, dos quais seis de ouro e um de ferro. A Virgem mergulha, os ovos se quebram nas águas primordiais e os pedaços se transformam em coisas boas e úteis que formam todas as coisas do mundo. De maneira semelhante, o *Vishnu-Purana* dos hindus conta sobre a criação:

"Ele, o Senhor, concluindo que dentro das águas jazia a terra, e sentindo-se desejoso de erguê-la... Ele, o sustentador do ser espiritual e material, mergulhou no oceano."[3]

A água é vista de forma geral como a expressão imanente do transcendente. A água é uma hierofania, a manifestação do sagrado, um modo de aparição de Deus. Por esse motivo, sempre se atribuiu à água uma origem celeste, como proveniente do céu. No Antigo Testamento, Jeová é comparado à chuva da primavera, ao orvalho que faz crescer as flores, às águas frescas que descem das montanhas, à torrente que sacia. Para Tertuliano, a água é a morada do Espírito de Deus. O Espírito Divino escolheu a água entre os diversos elementos por ser ela a matéria perfeita e fecunda. Na mitologia chinesa, a fertilidade aquática concentra-se nas nuvens, numa região superior. No Corão, a água que cai do céu é uma água abençoada, porque é um signo do divino. O próprio homem foi criado de uma água que se espalhou.

Deus! Foi ele quem criou o céu e a terra
e que fez descer do céu uma água
graças à qual faz brotarem os frutos
para a vossa subsistência.

(*Corão*, 14, 32; 2, 164)

Considero que os mitos da água, assim como os mitos relacionados aos cinco elementos, constituem no seu conjunto uma discussão sobre as questões espirituais e, portanto, essenciais do ser: sua origem, desenvolvimento e finalidade última. Falar sobre a água, a terra, o fogo e o ar é falar da cosmogênese, do princípio e do final da realidade material, do ciclo cósmico de nascimento, morte e renascimento espiritual. Desta forma, o objetivo deste livro é, através da interpretação desses mitos, rediscutir o processo evolutivo psicológico e espiritual do homem, a jornada evolutiva da alma.

PARTE I

Águas Masculinas

CAPÍTULO 1

Oceano:
A Água Primordial

Nas tradições mais antigas, o Oceano é um imenso rio que circunda o mundo terrestre. Entre os gregos, era concebido como um grande rio-serpente, que cercava e envolvia a terra. Mitologicamente, é a personificação da água que rodeia o mundo. É representado como um rio, o Rio-Oceano que corre pela esfera achatada da terra, como diz Ésquilo em *Prometeu Acorrentado* (138-140): "Oceano, cujo curso, sem jamais dormir, gira ao redor da Terra imensa."[1]

Algumas vezes, Oceano aparece representado como um velho sentado sobre as ondas, empunhando uma lança numa das mãos e, na outra, segurando uma urna da qual despeja água. Ao seu lado sempre aparece um monstro marinho.

Oceano é o primeiro deus das águas, filho de Urano e de Géia, e o mais velho dos Titãs, sendo considerado também o pai de todos os seres. "Desde o momento em que tudo se originou dele, continuou a fluir até a orla mais extrema da terra, fluindo de volta sobre si mesmo, num círculo. Os rios, as nas-

21

centes e as fontes — na verdade todo o mar — saem continuamente da sua corrente ampla e poderosa. Quando o mundo veio a ficar sob a autoridade de Zeus, só a ele se permitiu permanecer no lugar anterior — o qual, na verdade, não é um lugar, senão apenas um fluxo, um limite e uma barreira entre o mundo e o Além."[2]

Segundo Hesíodo (*Teogonia*, 337-370), Oceano uniu-se a sua irmã Tétis, a mais jovem das titanisas e, com ela, gerou mais de três mil rios e quarenta e uma filhas chamadas Oceânidas. Estas personificam os riachos, as fontes e as nascentes. Essas filhas de Oceano e Tétis, por sua vez, uniram-se a outros deuses ou a simples mortais e deram origem a uma descendência numerosa e muitas vezes famosa, como Electra, Clímene, Dione, Métis, Europa, Calipso, etc. Entre os rios mais famosos Hesíodo cita particularmente o Nilo, Alfeu, Erídano, Estrímon, Meandro, Istro, Fásis, Reso, Aquelôo, Nesso, Ródio, Halíacmon, Heptáporo, Granico, Esepo, Símois, Peneu, Hermo, Caíco, Sangário, Ládon, Partênio, Eveno, Ardesco e Escamandro.

Para Homero, todos os deuses eram originários do Oceano e de Tétis. Desta forma ele explica por que todos os deuses iam muitas vezes à Etiópia visitar o Oceano e tomar parte nas festividades e sacrifícios celebrados em sua honra. Conta-se que Hera foi confiada por sua mãe Réia aos cuidados de Oceano e de sua esposa Tétis, para livrá-la de ser engolida por Crono.

Virgílio, nas *Geórgicas*, narra que a ninfa Cirene oferece, três vezes seguidas, sacrifícios a Oceano no palácio de Peneu, onde havia uma fonte dedicada a esse deus. A ninfa verte vinho sobre o fogo do altar e a chama levanta-se três vezes, até a abóbada do palácio, o que significava um bom presságio para a ninfa e seu filho Aristeu. Oceano era venerado não somente pelos deuses mas também pelos homens, que lhe ofereciam sacrifícios com vítimas e, antes das expedições, geralmente invocavam a sua proteção.

Tétis (Tethys), a esposa de Oceano e deusa do mar, não deve ser confundida com Tétis (Thetis), filha de Nereu e mãe de Aquiles.

Oceano, o filho de Urano e Géia, é o mais velho dos Titãs e pertence à primeira geração divina, a geração dos urânidas. Ele é o filho do casal primordial, do Deus "Pai-Mãe", dos "Pais do Mundo". Urano e Géia correspondem aproximadamente ao "Inconsciente" dos panteístas europeus. E todos os cabalistas falam da identidade do "Pai-Mãe" com o Éter Primordial ou Akasha, e de sua homogeneidade antes da evolução do Filho (o Fohat). Para os hindus, o Logos de dois sexos é Brahma, o Criador, cujos sete filhos, nascidos da "Mente", são os Rishis ou Construtores.

É como filho do Céu e da Terra que Oceano dá continuidade à função procriativa e criativa dos pais. Aquilo que Urano e Géia, o Céu estrelado e a Terra, os representantes do inconsciente coletivo, trazem como uma potencialidade remota — a atualização da vontade divina de criar — é concretizado por Oceano, como manifestação sensível e imanente no mundo. A função mítica do filho é a de dar continuidade à obra evolutiva do Pai. Com esta finalidade, Oceano herda o potencial paterno criativo, o que lhe permite trazer para o presente, atualizar em realidade e dar continuidade àquilo que estava em germe no Pai.

Para Platão, o Cosmo é o "Filho" que tem como Pai e Mãe o Pensamento Divino e a Matéria. Segundo ele, o cosmo surgiu do Pensamento Divino que penetrou a Matéria. Urano e Géia são os correspondentes gregos desta idéia, enquanto Oceano simboliza o filho cósmico.

O mundo uraniano constitui o estágio de perfeição paradisíaca do "não-nascido", daquilo que ainda é pura idéia, um projeto do Self; a vontade divina de manifestação material. Mas é Urano quem faz a doação de sua potencialidade criativa ao seu filho e este continua a sua obra, permitindo o nascimento dos filhos, dos produtos criativos gerados no inconsciente, e fazendo com que o ideal divino se transforme em real. Por isso, Oceano pode ser considerado também um "Pai do Mundo", pois transforma em materialidade, isto é, em realidade material, aquilo que em Urano era idéia. Ele dá início ao estágio dos "nascidos".

O deus Oceano simboliza, portanto, o masculino geradorcriador e não somente o masculino copulador de idéias como Urano. Unido a sua irmã Tétis, a potência feminina da água, gerou mais de três mil rios e quarenta e uma filhas chamadas Oceânidas. Oceano corresponde ao primeiro ser definido da Cabala: Hokhmah, que é a origem de todos os outros seres. Hokhmah constitui o arquétipo masculino, a atividade geradora, e é também chamado de Abba ou Pai. Hokhmah, a Sabedoria de Deus, é o Pai de toda a criação. E do mesmo modo que Hokhmah é masculino, Binah é feminina e receptiva. Tétis é o correspondente grego da Binah hebraica, ela é uma Magna Mater, uma Grande Mãe cósmica-divina e a representação feminina da água como matriz uterina.

Oceano e Tétis constituem uma parelha cósmica, o casal primordial, pais de todos os seres. Eles são os "Pais do Mundo", os representantes do universo material criado, e juntos representam o símbolo primordial da vida eterna manifestada em realidade visível. Na Cabala, Hokhmah e Binah são os pais originais; juntos, criaram os sete Sefirot inferiores e, depois, toda a criação animada e inanimada. Segundo o Zohar, a semente de Hokhmah, ou o ponto de luz, entrou no "palácio" de Binah, o ventre, e aí ocorreu uma concepção cósmica, que o Zohar descreve como uma explosão de luz. E desta luz brotaram outras luzes, centelhas que se lançaram pelos portões e deram vida a tudo.

As águas femininas e masculinas são símbolos da união das polaridades contidas na totalidade divina "Pai-Mãe". Estas águas são as potencialidades universais atualizadas de Deus, do Self, a fonte e origem de tudo aquilo que ainda não foi criado, do pré-formal. Oceano e Tétis representam o Alfa e o Ômega, os primeiros e últimos confins do ser, onde o Sol nasce e onde mergulha. A união de Oceano e Tétis corresponde à concepção chinesa do Tao, a união do Yang com o Yin, do masculino e do feminino, das duas grandes forças que originam e regem a criação.

O deus Oceano é a representação da polaridade masculina da Uroboro, já discriminada da sua contraparte feminina. Oceano não está unido a Tétis, sua mulher e irmã, num hierogamos ininterrupto, indiscriminado, como Urano estava unido a Géia, o que, de forma simbólica, constituía uma autofecundação, ainda não manifestada e precursora da futura manifestação.

A parelha cósmica formada por Oceano e Tétis simboliza o Deus Pai-Mãe, presente na teologia hindu como Purusha (o Espírito) e Prakriti (a Matéria). Mas, neste casal cósmico, o masculino e o feminino já constituem polaridades distintas, uma dualidade manifestada, e estão unidos em hierogamos para desempenhar a função de geração do mundo real. Como deus fertilizador, Oceano dá continuidade evolutiva à função procriativa paterna e representa a polaridade masculina da Uroboro. Ele é a semente-esperma masculina que se une com o feminino. A água masculina fertilizadora se une à água feminina geradora para a criação do mundo.

Os filhos de Oceano e Tétis são as representações das forças espirituais de fertilidade materializadas. Os rios, as nascentes, as fontes e até mesmo o mar são os filhos deste casal, o produto criativo desta conjunção, do hierogamos da água masculina com a água feminina.

Oceano pertence a outro momento cósmico, ele é o filho mais velho da primeira geração divina. Ele é a manifestação da idéia de criação de Urano. Foi realizada a separação do céu e da terra, do masculino e do feminino, surgem as polaridades dentro da unidade. O universo surge a partir da dualidade que constitui a sua própria essência como manifestação. Portanto, já existe a noção de separação e de hierarquia e, logo, de organização cósmica. No mito grego, esta obra será continuada por Crono, irmão mais novo de Oceano. Oceano pertence a este momento de passagem do caos ao cosmo, da criação do mundo como mundo visível; é um deus de primeira geração, um deus construtor, que participa do momento da emergência do mundo real das formas.

O desenvolvimento da consciência humana, que corresponde mitologicamente à criação do mundo, se dá através da separação do par de opostos masculino e feminino, representada arquetipicamente como a separação dos "Pais do Mundo". São estes arquétipos primordiais do masculino e do feminino que vão fornecer mais tarde a base arquetípica para o desenvolvimento da identificação sexual, que coloca a questão das diferenças, da falta, da perda, e que retira o indivíduo da onipotência e o coloca como sujeito incompleto no mundo. Esta saída do sentimento de totalidade é vivida psicologicamente como uma perda, como a castração primária.

Oceano é a polaridade yang, a água masculina, o lado patriarcal da Uroboro. A Uroboro patriarcal é o princípio masculino mais profundo e arcaico contido dentro da Totalidade urobórica. Tétis é a polaridade yin, a água feminina, a Uroboro matriarcal. Mas, como diz Neumann: "Esse primeiro movimento, o elemento criativo do ato genésico, agregado natural-

26

mente ao lado paterno da Uroboro — como começo do vir a ser no tempo —, é mais difícil de ser apreendido numa imagem do que o lado da Uroboro materna."[3]

Oceano possui uma origem celeste, ele é filho de Urano; mas a forma em que se atualiza é ctônica, porque é também filho de Géia. Possui, como os seus pais, o caráter simbólico da serpente urobórica, que contém a totalidade das possibilidades materiais e espirituais de manifestação do Self, e assim pode unir o mundo ctônico ao mundo celeste. A representação mais antiga da Uroboro, segundo Neumann, encontra-se numa taça de Nippur, e era como Serpente Celestial que era conhecida na Babilônia.[4]

O deus Oceano flui até a orla mais extrema da terra e reflui sobre si mesmo num círculo, como a serpente mítica, pois ele é o símbolo da manifestação e da reabsorção cíclica, do "Todo contido no Um", da Cobra Primal. Por isso, é também considerado um "Pai do Mundo". O círculo mítico constituído tanto pela Uroboro como pelo Oceano é a representação simbólica das divindades mais antigas do mundo antes que este fosse "mundo", do estado inicial das coisas, do tempo das origens. A Serpente ou o Dragão são os mais antigos símbolos para o Princípio Primordial de todas as coisas, equivalente da Sabedoria Divina, da Perfeição e da Imortalidade. O Princípio Eterno de todas as coisas foi simbolizado por todas as tradições religiosas como uma serpente de fogo que exalava chama e luz sobre as águas primordiais, até incubar a matéria cósmica e fazê-la tomar a forma anular de uma serpente que morde a própria cauda, representando a Eternidade e o Infinito. A serpente foi sempre o símbolo da renovação periódica, da Imortalidade e do Tempo.

Oceano é o ponto simbólico da passagem do Não-Ser para o Ser e também da sua reabsorção no Todo. Segundo Jaa Torrano: "Okeanós é o círculo por excelência, cerca em que se separa o ser do não-ser."[5] Oceano é o círculo perfeito e homogêneo, representante da origem mais antiga do mundo na sua manifestação material. Corresponde à Vida insuflada na Matéria Primordial, da filosofia hermética. Oceano é o rio que circunda a Terra-mãe e reflui às suas próprias fontes, como um grande círculo cingindo a totalidade do ser.

A água do Oceano é o símbolo mais adequado para expressar a força e a materialização do potencial divino do inconsciente criativo, isto é, da criatividade do Self, pois encerra em suas profundezas o projeto-germe divino daquilo que será atualizado mais tarde, quando aparecerá no mundo visível das formas, da consciência. Os chamados "Textos dos Ataúdes", escritos no interior de ataúdes datados do Médio Império egípcio (2250-1580 a.C.), falam exatamente deste momento primevo.

Eu era (o espírito em?) as Águas Primevas, aquele que não tinha companheiro quando meu nome passou a existir.

A forma mais antiga na qual eu comecei a existir foi a de um afogado.

Eu fui (também) aquele que começou a existir como um círculo, aquele que habitava em seu ovo.

Eu fui aquele que começou (tudo), o habitante das Águas Primevas.

Primeiramente Hahu emergiu para mim e então comecei a me mover. Criei meus membros em minha "glória".

Fui o criador de mim mesmo, visto que me formei segundo o meu desejo e de acordo com o meu coração.[6]

O deus Oceano é o representante da água masculina como um dom da fertilidade do céu, como uma doação uraniana, como uma doação de Deus. O filho manifesta na *physis* aquilo que desce do Pai-Céu, a fertilidade do espírito. E encontra na *physis*, isto é, em si mesmo, a força para a manifestação do espírito do Pai. Oceano representa o espírito urobórico de Urano materializado. Ele é uma água masculina e herda o poder procriativo da "chuva-sêmen", o princípio ativo fertilizante, a natureza yang da água, pois a chuva é considerada a semente uraniana que fecunda a terra. Assim, à semelhança de seu pai, Oceano, o filho, é o representante do Pai como aquele que dá origem, no seu significado de gerador, de agente da paternidade. Oceano manifesta a sua essência e se atualiza evolutivamente como um pai fecundador-gerador que, encarnado na matéria, realiza o desejo de fertilização criativa do Pai-Céu.

No pensamento mítico, Oceano é considerado o deus que origina todas as coisas, o pai de todos os seres. Ele é, segundo o pensamento grego antigo, a *arké*, o princípio de tudo aquilo que vem a ser, que vem a ter existência no mundo da realidade material. Oceano é a representação da força que envolve e governa tudo, que se move e não se move ao mesmo tempo, que está longe e está perto, que está dentro e fora de tudo. Como representação da Totalidade, corresponde à descrição do Tao de Lao Tsé, no *Tao Te King*:

> *O grande Tao espraia-se como uma onda,*
> *É capaz de ir para a direita e para a esquerda.*
> *Todos os seres nasceram dele*
>
> *sem que ele seja o autor.*
> *Realiza as suas obras*
> *mas não se apropria delas.*
>
> *Protege e alimenta todos os seres*
> *sem que seja seu senhor,*
> *por isso podemos chamar-lhe grandeza.*

É por não conhecer a sua grandeza
que a sua grandeza se realiza.[7]

Dentro desta concepção, Oceano é o deus que faz a doação de sua essência, de sua totalidade, do seu próprio corpo, isto é, da matéria-prima para a criação e para a transformação daquilo que é ideal em real. Ele fornece a água, a matéria-prima universal, ainda que informe, para a construção do mundo, conduzindo as correntes vitais do oceano do seu ser. Assim, este deus possibilita que a criação abra caminho do informe para o formal, da escuridão do inconsciente para a luz. Ele atua de um modo diferente do seu pai, cujos produtos criativos permaneciam encerrados no útero do inconsciente coletivo, como puras potencialidades a serem atualizadas. O deus Oceano dá realidade, corporeidade material às idéias de criação uranianas, aquilo que em Urano era fantasia criativa.

O corpo de Oceano é água, é *physis*, é a própria essência do seu ser, é pura materialidade. O mito sobre o deus Oceano diz que é da água que a vida se origina, é deste elemento material que tudo é constituído. É desta substância essencial do corpo do filho do Céu que as coisas foram criadas, porque ele é a "Água Primordial", a totalidade das possibilidades de manifestação do Self, do inconsciente coletivo, a totalidade de tudo o que é. Seguindo este pensamento, muitos anos depois, disse Bachelard: "Uma gota de água poderosa basta para criar o mundo e para dissolver a noite."[8] Oceano representa, portanto, a concepção de uma inteligência divina, de uma força cósmica fertilizante que dá origem à vida, que gera a diversidade de todos os seres. Ele é a gênese de tudo que existe. Como diz Goethe no *Fausto*, na voz de Tales:

Salve, salve novamente!
De júbilo imbuí-me a mente,
O Real e o Belo Fecundo!

Tudo, tudo é da água oriundo!
Tudo pela água subsiste! Oceano,
Medre teu eterno influxo e arcano!
Se as nuvens não enviasses,
Ribeiros não criasses,
Torrentes não desviasses,
Rios não engrossasses,
Que fora este mundo, a planície, a serra?
É em ti que a frescura da vida se encerra.[9]

O deus Oceano é a realidade material e física do Deus-Pai, a encarnação no filho do ideal uraniano, da energia cósmica fertilizante. As águas que descem do Pai-Céu e que propiciam o nascimento e a manutenção da vida são universalmente consideradas benesses divinas. E os rios, pelo fato de possuírem uma origem celeste e serem continuamente alimentados pelas águas do céu, são vistos também como agentes de fertilização divina. O oceano, como a representação da água primordial, é a "Prima Matéria", que por sua vez compõe a substância da serpente mítica primordial.

Nas tradições mais antigas, Oceano é descrito como um imenso rio que envolve o mundo terrestre, e entre os gregos é descrito como o rio-serpente que envolve e cerca a terra. Os simbolismos do Rio-Oceano e da serpente como reservatório das potencialidades e das formas a serem atualizadas estão profundamente ligados entre si. Por isso, como diz Mircea Eliade, "Uma serpente ou um gênio-serpente encontra-se sempre nas imediações das águas, ou estas são reguladas por eles; são gênios protetores das fontes da vida, da imortalidade, da santidade, assim como de todos os emblemas que se acham em ligação com a vida, com a fecundidade, com o heroísmo, com a imortalidade e com os tesouros."[10] Na mitologia hindu, as nagas, que são as serpentes e as divindades-serpentes, moram no fundo dos mares, rios e lagos porque são as guardiãs da energia vital armazenada nas águas, bem como dos tesouros dos mares, da riqueza do inconsciente.

A serpente e o dragão sempre aparecem ligados à cosmogonia, simbolizando as forças caóticas e criativas primordiais, que estão na raiz de toda criação. A serpente representa nas mais diversas mitologias o mar primevo que sustenta o mundo. Na Índia, antes do início de qualquer construção, um astrólogo tinha que indicar o ponto onde se deveria colocar a primeira pedra, o lugar onde se situava a serpente que sustenta o mundo. Este lugar se tornava o Centro do Mundo, e a serpente o seu eixo, o "Axis Mundi".

No nível da cosmogênese, a serpente é o próprio Oceano. Ela é a representação do espírito da água primordial, do círculo, do redondo, do autocontido, sem começo nem fim, na sua perfeição pré-mundo. Na mitologia do Egito, o deus-serpente Atum, depois de emergir das águas primordiais, cuspiu toda a criação. O deus hindu Varuna, o arquétipo do "soberano universal", é ao mesmo tempo o deus do Oceano, morada das serpentes, e o rei das serpentes. No Mahabharata ele é descrito como o deus-víbora. Na mitologia dos Nigadju Dayak, de Bornéu, no início a totalidade cósmica encontravase ainda indivisa na boca da cobra-d'água enrolada.

Como o deus Oceano que circunda a terra, a serpente mítica abraça o mundo num círculo contínuo, mantendo a sua integridade e coesão, impedindo a sua desintegração. Da mesma forma que o Oceano, a serpente não é somente a promotora da vida, mas também a garantia de sua estabilidade; ela cria o tempo como a vida em si mesma. Em virtude de sua própria extensão, que parece não ter limites, as águas do Oceano são a imagem mais adequada para representar a natureza ilimitada da virtualidade original. O fundamento da edificação do mundo, de toda a realidade, e o agente distribuidor das formas são simbolizados pelo Oceano e as suas águas representam a *physis*, onde se dá a manifestação da essência divina. A água, para Tales de Mileto, estava penetrada pelo poder divino que a põe em movimento.

Como filho do Céu, Oceano é uma água masculina, a água que carrega a centelha de luz do verbo criador, da palavra. A água masculina é celeste, ela se liga ao raio e ao fogo do céu, ela é yang. Talvez por isso a intuição poética de Virgílio acrescente uma variação no mito, ligando a água ao fogo. Como a polaridade oposta, a água feminina é yin, pertence ao trigrama k'an, que é o abissal, por isso brota da terra e da aurora branca. O folclore judaico diz que Deus, quando fez o mundo, criou e dividiu as águas em superiores e inferiores, em masculinas e femininas. Oceano é o deus que participa do primeiro momento da criação e da separação da totalidade original em pares de opostos, em masculino e feminino, em yang e yin.

A água masculina corresponde ao mercúrio dos alquimistas, à água ígnea. As abluções herméticas eram entendidas como purificações pelo fogo. Da mesma forma, na alquimia chinesa, o "banho" ou a "lavagem" eram considerados processos de natureza ígnea. Os alquimistas também chamavam de "água" o Mercúrio em seu primeiro estágio de transformação e, por analogia, ao corpo fluídico do homem. O Mercúrio, à semelhança da água, como a matéria-prima universal, possui potencialmente todas as qualidades naturais. Na Índia, o Mercúrio é concebido como um concentrado subterrâneo de energia solar, o sêmen de Shiva. A água masculina, aqui simbolizada pelo deus Oceano e semelhante ao Mercúrio alquímico, representa o espírito de Deus, a centelha divina, o poder fálico masculino criativo e construtor. Portanto, Oceano é não somente a fonte primal da criação, mas também da sabedoria, do conhecimento. Muitos mitos descrevem os primeiros portadores da sabedoria surgindo do Oceano, na forma de seres meio peixes, como o Oânes da Babilônia.

A água masculina é a representação do falo simbólico, como potencialidade criativa e geradora do mundo. Muitas vezes, o deus Oceano aparece representado como um velho que carrega numa das mãos uma urna, da qual despeja água. Ele é a água virtual que possui a característica de estar a serviço da edificação e da alimentação contínua do cosmo. Na outra mão, o deus carrega uma lança. A lança é um símbolo fálico, solar, ligado à construção do mundo. Na mitologia japonesa, Izanagi e Izanami mergulham a lança ornada de jóias no mar, e, quando a retiram, o sal que escorre dela forma a primeira ilha. A lança como eixo é ainda o raio solar, que representa a ação da Essência sobre a substância indiferenciada.

O aspecto fálico do Oceano pode ser apreendido, como já foi visto, através da sua semelhança simbólica com a serpente. A ação fálica do deus marinho se expressa através de seu poder criativo e gerador, e é justamente esse poder gerador fálico o fundamento de tudo o que é vivo. Pois é sobre o falo que repousa a vida, assim como o universo repousa sobre uma coluna. O falo possui a potencialidade para preencher uma função não somente geradora, mas de justiça e de equanimidade, que, embora não seja exercida diretamente por Oceano, será evolutivamente assumida mais tarde tanto por Crono quanto por Zeus, deus do Olimpo. A função fálica civilizatória e discriminadora de Oceano é ainda uma potencialidade do inconsciente coletivo que será atualizada, posteriormente, por seu irmão e por seu neto.

Oceano exerce basicamente a função de ser o fluxo da energia vital que corre incessantemente do Uno, do Self, de seu corpo, para a construção do mundo. Por isso, ele não possui um lugar determinado. Ele é exatamente o limite entre o mundo arquetípico, pré-formal, e o mundo sensível das formas. Como diz Eliade, "...tudo que é forma se manifesta acima das águas, destacando-se das águas. Em compensação, logo que qualquer forma se destaca das águas, deixando por isso de ser virtual, cai sob a alçada da lei do tempo e da vida; adquire limites, passa a conhecer a história, participa do devir universal..."[11]. O mundo formal não pertence ao domínio de Oceano, pois é regido pelo seu irmão Crono.

Oceano, como a representação da água virtual, a força divina vital que está presente em tudo o que existe, corresponde à concepção do Atman-Brahman da tradição indiana, como diz o *Bhagavad Gïta*:

"Todas as coisas de Mim provêm, mas eu não tenho origem nelas; em Mim estão todas as coisas, mas Eu — em minha divindade — não estou circunscrito por elas.

"Não penses que todas as coisas sejam Eu mesmo. Eu sou o sustentador de tudo, penetro tudo, mas não sou limitado nem encerrado nisto.

"Por meio da minha Natureza material, emano todas as classes de seres e coisas que constituem o universo, dando-lhes nova existência: a minha Vontade os vivifica; a Natureza por si mesma é impotente para fazê-lo.

"Entre os sacerdotes, sou o Sumo Pontífice; entre os generais, sou Skanda (deus da guerra); entre as águas, sou o Oceano."[12]

A fecundidade materializada é uma especialidade de Oceano, da sua vocação especial de criador. O destino do Oceano é proporcionar a criação fornecendo a "Matéria-Prima" para esta, não podendo nunca manifestar-se em formas, pois a sua condição essencial é a de ser a "Água Virtual", a representação do Ser Absoluto como Arché, como origem e princípio do universo, da sua Perenidade e da sua Indestrutibilidade.

CAPÍTULO 2

Os Velhos do Mar: Fórcis, Proteu e Nereu

Fórcis

Fórcis era filho de Géia e Pontos e irmão de Nereu. É uma das antigas divindades marinhas pertencentes à primeira geração divina. Fórcis era também chamado de Forco, e era ele quem presidia o coro de todas as divindades marinhas. Casou-se com sua irmã Ceto, que possuía lindas faces, mas cujo nome é a forma feminina de Ketos, que significa monstro do mar. Desta união nasceram as Gréias, as "Velhas", também chamadas Fórcidas, que aparecem no mito de Perseu. Foi ainda pai do monstro Cila, de Equidna e das Hespérides. Fórcis tinha o poder de se metamorfosear, mas esse poder é mais comumente atribuído a Proteu e a Nereu do que a Fórcis. O velho deus marinho residia em Arímnion, nas costas da Acaia, ou ainda na ilha de Cafalênia ou em Ítaca.

Proteu

Proteu é também um antigo deus marinho cujo nome é uma forma arcaica de Protógono, o primogênito. Este "Velho do Mar" era encarregado de guardar os rebanhos de Posídon, formados de grandes peixes e focas. Nas narrações não se costuma fazer menção aos pais de Proteu, mas apenas ao seu lugar preferido para morar, uma ilha arenosa chamada de Faros, perto da foz do Nilo, onde morava também a sua filha Cila.

Proteu era também dotado de poder mântico, que lhe fora concedido por Posídon, mas evitava ser importunado, metamorfoseando-se para fugir dos consulentes importunos. Conta-se que Proteu tinha também uma filha chamada Idotéia e que esta traiu o pai. Idotéia revelou a Menelau que, para obter a palavra de Proteu, era necessário surpreendê-lo durante o sono e amarrá-lo de forma que não pudesse escapar, pois ele tomava todas as formas para afastar aqueles que queriam consultá-lo. Menelau, que estava perdido e queria saber o caminho de volta para Esparta, procurou o deus marinho e seguiu as instruções de sua filha. Proteu procurou escapar de todas as formas ao assédio de Menelau, metamorfoseando-se em leão, serpente, pantera, javali, água e árvore, mas o esposo de Helena conseguiu agarrá-lo e o poderoso deus do mar teve que aconselhá-lo a tomar o caminho de volta pelo Peloponeso. No quarto livro das Geórgicas, Virgílio conta que o pastor Aristeu, depois de haver perdido todas as suas abelhas, foi, a conselho de Cirene, sua mãe, consultar Proteu sobre como reaver os enxames, e teve que recorrer aos mesmos artifícios usados por Menelau.

Nereu

Nereu é um deus marinho mais antigo que Posídon. Segundo Hesíodo, era filho de Ponto e de Géia. Segundo outras versões, era filho de Oceano e de Géia. Casou com sua irmã Dóris, com a qual teve cinqüenta filhas, chamadas de Nereidas.

Nereu é representado como um velho doce e pacífico, cheio de justiça e moderação, cavalgando um tritão e armado de um tridente. O antigo deus marinho, segundo as palavras de Hesíodo, é "um deus brando em que se pode confiar", "nunca mente, sempre diz a verdade". Por esse motivo é conhecido como o "Velho", por ser veraz e bondoso.[1] O velho deus do mar possui o dom da mântica e, por isso, pode prevenir Páris sobre as desgraças que o rapto de Helena poderiam trazer para a sua pátria.

Como a maioria das divindades marinhas, Nereu possui o poder de metamorfosear-se em animais ou outros seres. Depois de várias lutas com Héracles e do uso de truques de metamorfose, finalmente lhe indica a localização do jardim das Hespérides, onde estavam os pomos de ouro que Eristeu lhe ordenara buscar. "As pinturas o mostram também como um leão, um bode e uma serpente, projetando as cabeças para fora do seu corpo pisciforme."[2]

A morada habitual de Nereu é o mar Egeu, onde vive cercado de suas filhas que dançam e cantam em sua honra. As Nereidas são representadas como belas jovens, cujo longos cabelos são entremeados de pérolas. Cavalgam em delfins e cavalos-marinhos e podem levar na mão um tridente, uma coroa ou um galho de coral. Muitas vezes são representadas como metade mulheres, metade peixes.

O Mar, da mesma forma que o Oceano, é o símbolo do princípio de todas as coisas, da virtualidade da água primordial e da fertilidade ancestral que preexiste ao mundo como mundo e que permanece depois do final deste. A água é a origem e o fim de tudo o que se manifesta na existência. É o lugar da manifestação de Deus, ou da emanação do Self, através da *physis*. Com diz Jean-Pierre Vernant: "É o próprio divino, regulando todas as transformações sem nunca mudar-se a si mesmo, sem nunca cessar de existir nem de ser o que é."[3] Em todas as cosmogonias a água tem o mesmo papel importante, é a base e a fonte da vida material.

O Mar compartilha com Oceano de todos os significados referentes à água como símbolo da matéria-prima, da origem primordial de todas as coisas. Mas o Oceano, mais do que o Mar, representa as Águas Superiores, a matéria-prima indeterminada, ainda sem forma, não manifestada, enquanto o mar representa as Águas Inferiores, que correspondem às possibilidades formais, manifestadas e determinadas. Assim, podemos diferenciar dois tipos de primordialidade. Primeiro, a primordialidade pré-cósmica, que precede a criação do mundo, um estado de coisas no qual tudo é ainda informe, pura materialidade, representada por Oceano. (Mas, ao mesmo tempo, esse estado fornece a matéria-prima universal para a criação.) Segundo, a primordialidade cósmica, que dá origem à manifestação das formas, representada pelo Mar. Neste sentido, a imersão no Mar representa a criação do universo, a aquisição da matéria essencial para a criação das formas, pois o Mar é o fundamento de toda a realidade e o distribuidor das formas. O Mar retira do Oceano a matéria-prima para a fabricação de suas formas.

Na tradição chinesa, o Mar também é considerado o símbolo do Nirvana e do Tao; o Tao está para o mundo assim como o Mar está para os rios. No começo era o Tao, diziam os chineses. Depois o Tao tornou-se Yin e Yang e desses dois princípios emergiram as dez mil coisas. É da totalidade das possibilidades formais do Mar que se originam toda a vida e os seres viventes. Pois, como Oceano, ele é o símbolo da Totalidade que se divide e se diferencia em duas polaridades, o Pai e a Mãe, o masculino e o feminino, os pólos opostos que se manifestam em todas as coisas, estando presentes no ato de criação cósmica que origina o Universo, o "Filho".

O Mar representa a Totalidade original em estado de transição e de expansão. Para os hindus, Brahma expande-se e converte-se no Universo, tecido de sua própria substância. O Mar, diferente de Oceano, sugere sempre um processo, uma mudança de estado; da indiferenciação primária da matéria para a diferenciação que origina as formas.

O vaivém das águas do Mar simboliza tanto a expansão quanto a retração, o movimento transitório constante de um ponto ao outro. A expansão e a retração do Universo correspondem ao movimento de respiração de Brahma, ou a um dia e uma noite do deus. Os textos hindus dizem que o Universo vive em Brahma, dele procede e a ele voltará; porque Brahman (neutro), o não-manifestado, é aquele todo absoluto; e Brahma, o manifestado, é o princípio masculino e feminino presente em todas as coisas. O fenômeno da retração é a busca de retorno às Origens, à Fonte original, é a busca da Totalidade perdida.

No plano psicológico, o desenvolvimento do homem segue a mesma linha do desenvolvimento cósmico: a saída da totalidade do Self que se diferencia com a formação do ego e que depois deve retornar a sua origem primordial. O ser humano, no início de sua vida, compartilha da Totalidade do Self primário, ainda de forma indiferenciada e inconsciente, e mais tarde, através da busca determinada, objetiva e consciente, ele pode alcançar a reunião com esta Totalidade, da qual teve que se separar no processo de diferenciação da consciência. O homem veio do Mar e para o Mar deve retornar, fazer a volta para casa. A esse esforço consciente de diferenciação, desenvolvimento e integração da personalidade, que visa a busca da religação com a Totalidade, com o Self, Jung denominou processo de individuação.

À semelhança do Oceano, o Mar simboliza o aspecto de fertilidade divina da água masculina-feminina, da semente responsável pela criação da vida e de todos os seres. Ele é a gota vital, o Espírito-Substância, o germe da manifestação formal. Os gregos e os romanos possuíam o costume de oferecer ao Mar sacrifícios de cavalos e de touros, porque supunham que esses animais participavam do segredo das águas fertilizantes; por isso, eram também considerados símbolos de fertilidade e da força criadora do masculino. Mas tanto o touro quanto o cavalo estão associados aos processos de origem não só da vida, mas também da morte. Portanto, são animais que estão ligados simbolicamente ao Mar, e assim reforçam a idéia contida no Mar de que a vida está inseparavelmente ligada à morte.

O Mar representa, melhor do que o Oceano, a dinâmica da vida e da morte, do começo e do fim; tudo se origina do Mar e tudo retorna a ele. Ele expressa os processos de passagem, a vida e a morte. "A água, substância da vida, é também substância de morte."[4] A variabilidade, as transformações, o disforme e a imensidão são características essenciais do Mar. Ele designa o poder criativo e o final de todas as coisas, como o princípio da emanação e o termo de retorno.

A água do Mar contém todo o virtual, todas as sementes para o desenvolvimento, mas também contém a possibilidade de dissolução e desintegração. O Mar pode, como um espelho, refletir as possibilidades da alma humana. Como disse Baudelaire:

Homem livre, tu sempre amarás o mar!
O mar é teu espelho: contemplas tua alma
No desenrolar infinito de sua onda,
E teu espírito não é um precipício menos amargo
... Sois todos os dois tenebrosos e discretos:

Homem, ninguém sondou o fundo de teus abismos,
Ó mar, ninguém conhece as tuas riquezas íntimas,
De tal modo cuidais de guardar vossos segredos.

Ao Mar é atribuída, simbolicamente, a propriedade de dar e de tirar a vida. Assim, ele é considerado o lugar dos nascimentos, das mortes, das transformações e dos renascimentos. É um lugar iniciático, de batismo, de duplo nascimento. É por isso que o renascimento simbólico é objeto de ritos de iniciação com a água do Mar ou na beira do Mar. O Mar determina um início e um fim das coisas. O Sol, como um deus imortal, toda noite submerge-se e morre no Mar para renascer na manhã seguinte de dentro do útero do Mar. O Mar estabelece a noção de tempo, de historicidade, e por isso representa tão bem o curso da existência humana, a transitoriedade da vida, do nascimento à morte.

Em quase todas as tradições o Mar foi considerado um local de passagem, de trânsito de um estado para outro. Para Bachelard, "a morte é uma viagem e a viagem é uma morte. Partir é morrer um pouco. Morrer é verdadeiramente partir, e só se parte bem corajosamente, nitidamente, quando se segue o fluir da água..." É através do mar que os deuses viajam, que chegam e que partem.[5] Foi através do Mar, que se abriu ao meio, que Moisés levou o povo hebreu do Egito, do cativeiro, para a Terra Prometida, para a liberdade. Ele levou o seu povo da condição inconsciente de escravidão para a condição consciente de povo escolhido, que escuta o chamado de Deus e assume a sua identidade. Simbolicamente, a inconsciência é sempre relacionada à escravidão psíquica, enquanto a consciência, o conhecimento representam a liberdade, a possibilidade de exercício do livre-arbítrio.

O Mar representa estas passagens simbólicas, as mudanças de estado e as transformações. É pelo Mar que os heróis viajam. Como diz Paul Diel: "Navegar pelo Mar é viajar através da vida. A superfície infinita do Mar simboliza a vida com suas vantagens e perigos, ao passo que as profundidades submarinhas, povoadas de monstros míticos, se convertem em símbolos do inconsciente."[6]

As águas do Mar, sempre em movimento, marcam simbolicamente o seu caráter de transitoriedade. As suas águas não são águas paradas, eternas, como as águas do Oceano na sua qualidade de eternidade. As águas do Mar estão sempre em ebulição, representando este estado dinâmico e transitório de todas as coisas e da vida. O seu movimento representa a sua qualidade de agente transitivo e mediador entre o não-formal e o formal, entre o céu e a terra, entre os deuses e o homem, entre o Self e o ego. O movimento é o melhor símbolo para a transformação, que é a sua característica principal.

O Oceano sugere uma imagem de calma e de profunda tranqüilidade, o estado de repouso do Self, enquanto o Mar representa, com suas ondas e vagas, a agitação, a inquietação, o dinamismo da vida, o estado de imersão e ressurgimento das formas, a transformação constante da consciência. O mergulho nas ondas indica uma ruptura com a vida cotidiana, uma mudança radical de perspectiva. "Quando nós mergulhamos a nossa cabeça na água como num sepulcro, o velho homem fica imerso, inteiramente sepultado; quando nós saímos da água, o homem novo aparece simultaneamente."[7]

Mas o Mar também sugere, além da sua transitoriedade, uma antiguidade. Os Velhos do Mar, Fórcis, Proteu e Nereu, são personificações do aspecto antigo e primordial do Mar. Ser velho é existir desde sempre e antes das origens, é ter eternidade, continuar existindo mesmo depois do fim deste mundo. Os Velhos do Mar representam o Homem primordial, o "Aípolos" em seu estado de latência, o pólo que faz o cosmo girar, e correspondem ao *homo maximus* de Swedenborg. A idéia do Ântropos primordial é análoga à idéia do não-limitado, que envolve e domina todas as coisas, pois representa o cosmo como um todo. Estes velhos deuses marinhos representam a longevidade e a eternidade do Homem primordial, do "Ântropos Cósmico" que não somente produz o mundo, mas é, ele mesmo, este mundo em sua totalidade e não a particularidade de cada elemento.

Proteu é, das representações dos Velhos do Mar, o que melhor encarna esta característica de ancestralidade e de atemporalidade, como o seu próprio nome sugere. Proteu é uma forma arcaica de Protógono, o primogênito. Nas narrações não são mencionados os pais de Proteu, porque ele personifica o início, a origem, e, assim sendo, não existiu nenhum ser antes dele, pois ele é, essencialmente, um "Pai do Mundo". Este deus representa tanto a ancestralidade do Mar quanto a do homem e corresponde aos símbolos gnósticos de fundamento do mundo ou *arcanum*. O grisalho Fórcis é uma das representações universais da primordialidade da vida, tanto do Homem primordial quanto da antiguidade do mar. Como o seu nome sugere, ele é um velho grisalho e pai das duas Gréias, as "Velhas", que se diziam grisalhas de nascença.

Os velhos do Mar representam a imagem do Self como o *homo perfectus* (Teleios), de cujo centro flui o Oceano. Esta imagem do Homem Cósmico aparece em muitos mitos e tradições religiosas, e ele geralmente é uma força positiva e benevolente. Na tradição persa ele é Gayomart, um homem imenso que irradia luz. Para os hindus ele é Purusha, aquele que vive dentro do coração de cada homem e ao mesmo tempo está presente em todo o cosmo. Os *Upanishades* a este respeito dizem:

"Para além do Espírito no homem está o Espírito do Universo, e mais além está Purusha, o Espírito Supremo. Para além de Purusha nada há: Ele é o Fim do caminho."[8]

O espírito dos *Upanishades* é o Espírito do Universo, a Alma

Universal do Universo. Na tradição chinesa ele é P'an Ku, que deu forma à terra e ao céu. Na civilização cristã, o Homem Cósmico tem sido identificado com o Cristo, o segundo Adão, simbolizando a perfeita realização de todas as potencialidades humanas e, portanto, a representação da manifestação do Self na forma humana. No misticismo judaico, foi chamado de Adão-Kadmon: aquele que é a semente-modelo mais pura da imagem do homem feito à semelhança de Deus.

Psicologicamente, os Velhos do Mar simbolizam a figura do Demiurgo como imagem do substrato inconsciente gerador da consciência, e correspondem à personificação de um aspecto do Self que é o fundamento da consciência, sua matriz, seu princípio ordenador e o aspecto mobilizador e guia do desenvolvimento. De acordo com muitas narrações míticas e concepções religiosas, o Homem Cósmico não está presente apenas no início da vida mas também no seu final, e é o significado de toda a criação e o objetivo da evolução humana.

As figuras dos velhos deuses marinhos representam a sabedoria, a bondade e a justiça do Mar, isto é, do inconsciente coletivo, do Self. O Mar representa esta sabedoria do Self de recursos inesgotáveis, que pode prever o imprevisível e ver o inescrutável. Este saber oracular e prático de imensidão incalculável é mais bem encarnado pelo filho mais velho do Mar, Nereu. Como diz Hesíodo:

O Mar gerou Nereu sem mentira nem olvido.
Filho o mais velho. Também o chamam Ancião
porque infalível e bom, nem os preceitos
olvida mas justos e bons desígnios conhece.[9]

Este deus é descrito como um velho doce e pacífico, cheio de justiça e moderação, cavalgando um tritão e armado de um tridente. E, segundo as palavras de Hesíodo, "é um deus brando em quem se pode confiar". O tridente de Nereu, diferente do de Posídon, tem a qualidade de signo de autoridade, de guia e de comando do velho pastor, é o símbolo do mestre, indispensável na iniciação.

Os Velhos do Mar simbolizam a sabedoria divina e o conhecimento ancestral do inconsciente coletivo e do Self. Daí este arquétipo se encontrar presente em outras culturas, com o mesmo significado. No Taoísmo existe uma divindade suprema chamada Huang-Lao Kium, o Velho Senhor amarelo. Os drusos descrevem uma figura mítica denominada O Velho da Montanha. E o Buda foi chamado de o Irmão mais velho do Mundo. No Apocalipse, o Ancião dos Dias são os doze Profetas e os doze Apóstolos.

A figura do velho, detentor do conhecimento ancestral e de poderes mágicos, é um arquétipo que foi chamado por Jung de o Velho Sábio, ou Personalidade Mana. Entre os gregos, Fórcis, Proteu e Nereu são personificações do Velho Sábio, que por sua vez representam também a sabedoria do Self. A Personalidade Mana é um arquétipo que é constelado no processo de individuação quando o ego conscientemente busca o contato com o Self, servindo de guia e de modelo ideal.

Mestre Eckhart viu no Mar a representação da natureza insondável de Deus. O Mar, para ele, é o símbolo das águas superiores, da Essência divina. É do Mar que se originou a maior parte dos deuses. Portanto o Mar pode ser visto simbolicamente como um lugar de hierofania, de manifestação do Self. De acordo com a cosmologia babilônica, Tiamat (o Mar como o caos original) foi quem deu nascimento aos deuses. Afrodite nasceu do sêmen de Urano derramado no Mar. O mago Merlim é Mori-genos, nascido do Mar. Um dos sobrenomes gauleses de Apolo é Moritasgus, aquele que vem do Mar. É no Mar que se dá a manifestação ativa dos Velhos do Mar como símbolos do Self.

Os três deuses marinhos, como representantes da Personalidade Mana, possuíam poderes mágicos, entre eles o de predição e o de metamorfose. A capacidade de predição se refere ao conhecimento do passado, do presente e do futuro, ao domínio da dimensão da totalidade antes da criação do tempo. Da mesma maneira, a metamorfose revela o conhecimento da totalidade e da unidade do ser, além do tempo e das formas, na qual as aparências sensíveis têm apenas um valor ilusório e passageiro. Este conhecimento permite que o seu possuidor se esconda ou adquira a forma que desejar, pois pode manipular as formas.

Todas as narrações míticas estão cheias de descrições das metamorfoses dos deuses. A metamorfose representa simbolicamente as várias formas ou aparências que o Self pode tomar na sua revelação. De acordo com o processo de desenvolvimento de cada um, a Personalidade Mana se constela de uma forma ou de outra. A metamorfose simboliza a unidade subjacente ao múltiplo. A multiplicidade formal, na qual os deuses se manifestam, revela as inúmeras qualidades e aspectos que estão contidos no Self. No *Bhagavad Gïta*, Krishna diz a Arjuna:

> *Por meu poder contemplaste, Arjuna,*
> *Infinita e radiante a minha forma,*
> *Que em si contém dos seres o conjunto;*
> *Ninguém dos outros ainda assim Me viu.*[10]

A metamorfose corresponde a um grau de desenvolvimento psíquico e espiritual que confere àquele que o alcançou o poder de transformação da matéria, de ação e de determinação sobre as formas.

O poder mântico e o da metamorfose eram mais comumente atribuídos a Proteu e a Nereu do que a Fórcis. O poder de predição de Proteu lhe foi concedido por Posídon, mas o deus evitava ser importunado metamorfoseando-se. Como diz Homero, é difícil apanhar o velho divino, porque ele prevê o que vai acontecer. Por ser possuidor do dom da mântica, Nereu pode prevenir Páris sobre as desgraças que o rapto de Helena poderiam trazer para a sua pátria. Este velho do mar, depois de vários truques de metamorfose, finalmente indica a Héracles a localização do jardim das Hespérides, onde estavam os pomos de ouro que Eristeu lhe ordenara buscar.

O dom da mântica e o da metamorfose estão relacionados entre si, o que indica que o domínio do conhecimento da relatividade do tempo e da totalidade também leva ao conhecimento da verdadeira essência das coisas. Este conhecimento, "máthos", corresponde a uma revelação e não está na forma e na aparência sensível das coisas. Para alcançá-lo é requerido daquele que o procura o comprometimento com a tarefa, a postura ética e a procura árdua e persistente além da "práxis". Do áner, ou iniciado, são exigidas a "Timé" e a "Areté".

O conhecimento simbólico, uma das metas do processo de individuação, exige daquele que o busca a atitude e o comprometimento ético com o seu próprio processo. Só depois de uma longa busca, persistência moral e comportamento ético os heróis conseguem que os velhos deuses do mar se revelem em sua verdadeira forma e lhes indiquem o caminho desejado, o caminho da individuação. Foi assim que Menelau obteve de Proteu a indicação do caminho de volta para Esparta e que Héracles, depois de passar por várias etapas do seu processo de desenvolvimento, conseguiu que Nereu lhe indicasse a localização do jardim das Hespérides. Da mesma forma, é pelo comportamento ético de Arjuna que Krishna se revela a ele:

Nem dos Sagrados Livros os estudos,
Nem esforços mentais, nem sacrifícios,
Nem boas obras, nem a penitência
Me podem revelar assim aos homens.

Não temas, não te assustes, caro,
Por teres visto esta minha forma;
Liberta-te de todo o medo, e vê-Me
De novo agora, em minha forma humana.[11]

Os Velhos do Mar representam o aspecto da psicopompia do Self, como guia interior. Como diz Jung: "É com Proteu que o herói extraviado apreende o caminho certo e o requisito que lhe possibilitarão o regresso ao solo pátrio; o Velho do Mar revela-se pois como Psychopompos."[12]

Todas estas considerações nos levam a concluir que os Velhos do mar são as representações simbólicas de vários aspectos da manifestação do Self como Totalidade, do Homem Primordial e da Personalidade Mana. Os Velhos do Mar representam o reservatório de conhecimento ancestral que está à disposição daquele que procura a individuação.

CAPÍTULO 3

Posídon:
O Deus-Cavalo

Posídon era filho de Crono e de Réia e irmão de Hades e de Zeus. Logo que nasceu, Réia o escondeu em um aprisco da Arcádia para o livrar de ser engolido pelo pai, e fez Crono acreditar ter ela dado à luz um potro que lhe deu para devorar. Uma antiga tradição diz que Posídon foi criado pelos Telquines, os habitantes do mundo subterrâneo da ilha de Rodes, e por Cefira, irmã de Oceano. Quando se tornou adulto apaixonou-se por Hália, irmã de seus educadores, e teve com ela seis filhos e uma filha chamada Rodos, nome que mais tarde foi dado à ilha de Rodes, onde moravam os Telquines.

Outra história sobre Posídon diz que ele se casou na forma de um carneiro e que a sua noiva se chamava Teófane, "a que aparece como deusa" ou "a que faz um deus aparecer". Vários pretendentes disputavam Teófane, mas Posídon raptou-a e levou-a para uma ilha cujo nome talvez significasse "a ilha do carneiro". O filho de Crono e Réia transformou a noiva em ovelha e a si mesmo em carneiro para que os ansiosos pretendentes de Teófane não descobrissem o casal. Segundo esta versão, que pertence à saga heróica, desse casamento nasceu o carneiro com o velocino de ouro que Frixo, mais tarde, levaria à Cólquida, dando origem assim à viagem dos Argonautas.

Lutou valentemente ao lado de Zeus contra os Titãs e quando estes foram vencidos os encarcerou no Tártaro. Reinou primeiro sobre as águas do mundo ctônico, mas, após a vitória de Zeus sobre os Titãs, quando o governo do mundo foi dividido entre os três irmãos, o deus-cavalo passou a ser o senhor do mar, Hades o senhor do mundo ctônico e o próprio Zeus, senhor do Olimpo (do céu e da Terra). "Com seu tridente o deus não apenas domina e encrespa as ondas, provoca borrascas, sacode os rochedos, mas também faz brotar nascentes, o que dá a impressão de que, exceto os rios, ele tem o governo das águas correntes, fontes, nascentes e ribeiros."[1]

Posídon governa o seu reino como um deus calmo, justo, bondoso e tranqüilo. Do fundo do mar, onde está situada a sua moradia, sabe tudo quanto se passa na superfície, impedindo os naufrágios e libertando com seu tridente os navios encalhados. Mas nem sempre se mostrou um deus pacato, pois participou de uma conspiração junto com Hera e Atena para destronar Zeus. Descoberta a sua traição, foi castigado pelo senhor do Olimpo, que o obrigou a servir durante um ano ao rei de Tróia, Laomedonte. Foi durante este período que participou com Apolo e o mortal Éaco da construção da muralha de Ílion. Terminada a tarefa, Laomedonte se recusou a pagar o salário combinado. Posídon ficou furioso e lançou contra a cidade um terrível monstro marinho. Na guerra de Tróia, ficou ao lado dos aqueus. Mas salvou Enéias de morrer nas mãos de Aquiles, porque o herói não estava ligado à família de Laomedonte.

Casou com Anfitrite, filha de Dóris e de Nereu. Hesíodo

incluía Anfitrite entre as cinqüenta filhas de Nereu. Esta ninfa se recusara antes a casar com Posídon, mas foi convencida por um delfim a pedido do deus e este, como recompensa, a colocou entre os astros. De Posídon ela teve um filho chamado Tritão e muitas ninfas marinhas. Após o casamento com Anfitrite, Posídon assumiu o lugar de senhor do nosso mar. Kerényi diz que o casal marinho se parecia com Zeus e Hera em muitos aspectos. E, assim como Zeus era chamado de "o marido de Hera", Posídon também podia ser saudado como "o marido de Anfitrite, a do fuso de ouro".

Além de Anfitrite, Posídon teve ainda outros amores e muitos filhos. Com Toosa gerou o ciclope Polifemo; com a Medusa, o gigante Crisaor e o cavalo Pégaso; com Amimone, uma das cinqüenta filhas de Dânao, o vingativo Náuplio; com Ifimedia, os alóadas, os gigantes Oto e Elfiates; com Hália, princesa da ilha de Rodes, gerou seis filhos que cometeram tantos excessos que Afrodite os enlouqueceu.

Quando o deus marinho se apaixonava por uma divindade ou por uma simples mortal, recorria freqüentemente à metamorfose para não ser reconhecido. Quando o deus perseguiu Deméter com assédios amorosos, esta se transformou em égua e se misturou aos cavalos do rei Ôncio que pastavam. Posídon percebeu o truque e uniu-se a Deméter na forma de um garanhão. "A deusa, colérica, converteu-se em Erínis, a deusa da cólera, e foi efetivamente chamada de Deméter Erínis até lavar a cólera no rio Ladão; depois do banho, adquiriu o sobrenome de Lúsia. Ela deu a Posídon uma filha, cujo nome não podia ser pronunciado fora dos Mistérios, e, ao mesmo tempo, o famoso corcel Aríon, o cavalo de crina azul."[2]

Posídon era um dos deuses mais venerados na Grécia e também em Roma, onde era chamado de Netuno. Aí, o deus marinho possuía grande número de templos, principalmente nas vizinhanças do mar. Em Roma tinha as suas festas e seus espetáculos, que eram celebrados durante todo o mês de fevereiro. Conta a tradição que a ele foi consagrada uma ilha longínqua e paradisíaca chamada Atlântida.

Posídon, o filho de Crono e Réia, pertence à geração dos Crônidas, que caracteriza um período evolutivo voltado para a construção da consciência. Escapou de ser engolido pelo pai porque sua mãe Réia deu a Crono, para ser devorado, um potro em seu lugar. Quando o velho deus (que havia se tornado reacionário e rígido) come o potro, acredita estar comendo o próprio filho, isto é, acredita estar engolindo a possibilidade de continuidade evolutiva e criativa da vida. A deusa Réia salva a promessa de desenvolvimento, salva Posídon, o deus responsável por manter em disponibilidade a matéria-prima essencial para a permanente construção e renovação da vida. Neste momento, Crono e Réia simbolizam, cada um por sua vez, as forças psíquicas da pulsão de vida e da pulsão de morte, que se encontram em conflito.

Posídon reinou primeiro sobre as águas do mundo ctônico, ou seja, sobre as pulsões emocionais mais profundas e inconscientes. Mas, após a vitória de seu irmão Zeus sobre os Titãs, que terminou com a divisão do mundo entre os deuses do Olimpo, passou a ser o senhor do Mar. O então deus das águas ctônicas, depois de um período de existência latente inconsciente, se transforma e surge como um dos participantes dos princípios ordenadores da consciência, do novo mundo, do qual Zeus é o rei supremo.

A água, que pertence ao domínio de Posídon, contribui de maneira muito própria no processo de construção da consciência. Esta contribuição se dá através de um lento, porém seguro e profundo contato com as emoções, os afetos e as paixões, com tudo aquilo que é inconsciente. A água, no reinado e na regência do atual deus do Mar, é água emocional, apaixonada, detentora de valioso potencial de autoconhecimento, mas submetida ao princípio regulador interno representado por Posídon, contribuindo no processo de construção do mundo consciente. O deus do mar representa a possibilidade de acesso a estas fontes internas de conhecimento, os sentimentos e as emoções, que podem alimentar e enriquecer o processo de fazer consciência e de autoconhecimento.

O conhecimento das emoções e dos afetos, sob o controle da consciência, é um dos passos importantes para a construção de uma personalidade integrada, condição *sine qua non* do processo de individuação. Nas gravuras alquímicas, como, por exemplo, na segunda prancha do famoso *Mutus Liber*, o Livro Mudo, Posídon aparece armado de tridente dentro do Ovo Filosófico, anunciando o nascimento de Apolo e de Ártemis, o surgimento das polaridades masculina e feminina a partir da Totalidade, representada pelo Ovo. O processo alquímico é tanto um trabalho psicológico de construção da consciência quanto um trabalho religioso de ampliação desta, que inclui a noção do eu como participante de uma realidade maior, a realidade do Self. O deus anuncia o nascimento da consciência, com suas polaridades masculina e feminina definidas, o estabelecimento das diferenças, da identidade sexual, da noção da existência do outro e da consciência do Self . Ainda nessa mesma gravura, aos pés de Posídon está um peixe, o animal que representa um dos momentos iniciais da Obra e o seu objetivo final, o de se tornar Peixe, como o Cristo.

Mostrando a sua vocação de um deus de origem crônida, Posídon contribui à sua maneira particular para a construção do mundo da consciência. Fiel à sua vocação, lutou ao lado de seu irmão Zeus contra os Titãs, as forças psíquicas primitivas desintegradoras, para o estabelecimento da ordem e da discriminação. A oposição entre as pulsões primitivas de caráter involutivo e as pulsões de ordem e de regulamentação, de caráter evolutivo, aqui representadas por Zeus e Posídon, é fenômeno inerente ao próprio processo de desenvolvimento.

Após a vitória, Posídon encarcerou os inimigos no Tártaro, fechando sobre eles as pesadas portas de bronze. Com este ato, Posídon reprime os impulsos titânicos primitivos, impedindo que essas forças venham a perturbar a nova ordem da consciência e que possam ter qualquer expressão ativa. Ao fechar as portas de bronze, ele estabelece os limites, mostrando o que não é aceitável na construção evolutiva do ser. O desenvolvimento da consciência pressupõe o conhecimento, a repressão e a integração da impulsividade do Id, representada pelos Titãs, e dos conteúdos que são incompatíveis com a cultura e com o projeto de humanização, que conduz ao caminho espiritual.

Posídon combateu os inimigos da construção do mundo da consciência, da civilização, isto é, as forças regressivas que se opunham ao sentido evolutivo espiritual da vida. Por isso, pôde participar do governo, assumindo o seu papel de senhor detentor do poder fertilizador das águas. Nesta nova ordem evolutiva, a estruturação mais complexa do psiquismo, Posídon passa a ser o deus que mantém o domínio e a regência das águas do Oceano, dos mares, dos rios e das fontes, assim como o Hades passa a pertencer a Plutão e o Céu, a Zeus.

Depois do estabelecimento do governo dos três irmãos que presidem o reino do espírito e da consciência, estabelecimento que expressa a conclusão do trabalho de harmonização, o deus marinho passa a deter o controle sobre os reservatórios das águas primordiais do Self, sobre a fonte da vida que verte a matéria-prima da criação. Ele é, desde então, o distribuidor da fertilidade e o representante da energia libidinal que garante a manutenção e a continuidade da vida.

A partir desta nova etapa evolutiva, representada pelo governo supremo de Zeus, que é o governo do espírito, harmonizador dos desejos, Posídon e Plutão lhe devem obediência e submissão. Mas a evolução não se faz sem o conflito entre os opostos, entre as demandas instintivas materiais e as demandas do espírito, que são, em si mesmas, geradoras de energia. Posídon é um deus que possui uma atuação complexa; ora expressa o caráter mais positivo e espiritual dos impulsos internos, ora o mais negativo. Assim, está freqüentemente em litígio, às vezes com Dioniso, em Naxos, outras com Zeus, com Atena e com o Sol, atualizando o conflito entre as pulsões instintivas inconscientes e as conscientes, entre os impulsos espirituais e materiais.

Como representante dos impulsos na sua polaridade material, Posídon se opõe a Zeus, o representante do impulso espiritual. O deus marinho comete uma *démesure*, uma desmedida, e deve ser punido. O deus deve aprender a encontrar a sua própria medida, e o castigo pela sua *hamartia*, pela sua falta, é justamente a aprendizagem dos limites de cada um, mesmo para ele, um deus. O deus do Olimpo castiga Posídon obrigando-o a servir por um ano a um mortal, o rei de Tróia, Laomedonte. Ele, um deus, teve que servir a um mortal para conhecer a sua medida, teve que construir junto com Apolo, o deus que prega o métron, as muralhas de Ílion. E assim, saindo da onipotência e tendo passado pela experiência da limitação, teve a oportunidade de conhecer o seu métron, a sua própria medida.

Desde a *Ilíada* Posídon é apresentado como o senhor do Mar, mas antes ele era conhecido como "o mestre e o senhor da terra". Este deus possui grande afinidade com o mundo ctônico, com as energias vitais do mundo inferior, o que se revela através de epítetos tais como "sacudidor da terra" e "o que faz nascer". Ele é o deus que faz tremer a terra e as marés, assim diz Homero. Esses epítetos mostram esta atividade característica desse deus que sacode a terra de baixo para cima e sua ligação com Deméter. No mito da Arcádia era considerado o esposo de Deméter-Géia, a senhora dos grãos e da vegetação, a iniciadora dos mistérios da vida e da morte.

No sentido psicológico, Posídon pode ser visto como o representante do Id, ou das infinitas potencialidades do Self em sua manifestação material encarnada; o grande reservatório da libido, o grande concentrado central de energia e a fonte inconsciente de onde flui a força para a construção do mundo da consciência humana. Ele é o senhor das águas inferiores, onde a vida começa como potencialidade exuberante e tempestuosa. Neste sentido, o deus marinho é também o administrador e distribuidor do grande potencial de energia do Self em sua atualização ctônica.

O mundo subterrâneo, sua antiga morada, é o espaço central de onde emana este concentrado de energia, as forças ctonianas criadoras. É um dos lugares representantes da Totalidade, de onde tudo se origina e para onde tudo retorna, é o marco da partida e também do retorno à substância central. A morada de Posídon simboliza o local de origem, do nascimento e da regeneração, onde se realiza a passagem da terra para o céu. Os imperadores da China antiga eram encerrados numa gruta subterrânea antes de poderem elevar-se ao céu, no limiar do ano novo. Descer ao mundo subterrâneo é retornar às origens, é dissolver a forma individual para adquirir a condição de totalidade e a partir daí subir ao céu. É repetir o movimento divino de queda para a vivência posterior da ascensão.

É devido à natureza ctônica de Posídon e à sua função de grande fertilizador que ele está freqüentemente vinculado, no mito e no culto, ao cavalo e ao touro. Esses animais, simbolicamente, são considerados ligados às potências subterrâneas de fertilidade, pois representam as inesgotáveis forças genésicas fertilizadoras. É metamorfoseado sob a forma de touro que o deus conquista a filha de Éolo. Em outras tradições religiosas, os deuses fertilizadores são também comparados ao touro, como o famoso deus védico Indra e o deus iraniano Verethägna, que aparece a Zaratustra sob a forma de touro. As imagens de touro são abundantes nos templos de Shiva.

O touro, por possuir esta ligação com a fertilidade masculina, era considerado a vítima preferida de Posídon, sacrificado no altar erigido em sua honra ou lançado vivo ao mar. O touro ou o cavalo sacrificado simbolizam o cosmo, e a sua morte, a renovação da vida. Para os iranianos, do corpo do touro, considerado um animal primordial, morto por Ahriam, nascem os cereais e as plantas.

O cavalo é outro animal ligado aos processos de fertilidade e aos ritmos cíclicos da vida e da morte, e está relacionado simbolicamente a Posídon e a Deméter. Ele é o animal que melhor representa o substrato biológico das pulsões do Id. A deusa do trigo não só deu à luz um cavalo, Árion, como muitas vezes é representada com uma cabeça de cavalo. Em muitas culturas o cavalo é visto como o espírito do trigo. Assim na França e na Alemanha, na época das colheitas, o mais jovem cavalo da aldeia era cercado de cuidados especiais, e se acreditava que através dele deveria ser assegurada a próxima colheita, pois ele trazia em si o espírito do trigo.

Mas o cavalo também está associado a Posídon por possuir uma familiaridade com o mundo subterrâneo, sendo considerado um animal psicopompo, guia seguro para o mundo inconsciente, para o mundo das trevas. O cavalo viaja com tranqüilidade da noite para o dia, da morte para a vida, ligando e religando os opostos, o mais baixo ao mais alto. Em diversas tradições o cavalo está associado às trevas do mundo ctoniano ou às profundezas abissais do mar.

Como Posídon, o cavalo é portador da morte e da vida. Em algumas culturas primitivas da Ásia, o cavalo do morto é sacrificado a fim de que sua alma guie a do homem. O cavalo, por seu conhecimento do outro mundo e por seu poder de clarividência, desempenha um papel importante nas cerimônias xamânicas. Para fazer as suas viagens ao outro mundo, os xamãs utilizam uma bengala cuja parte superior recurva tem a forma da cabeça do cavalo, denominada "bengala cavalar" e usada como se fosse um cavalo vivo.

Posídon é chamado de "o deus-cavalo" por sua estreita vinculação simbólica com o cavalo. O seu nascimento já aponta para esta ligação forte com o cavalo, quando a sua mãe dá a Crono um potro para engolir em seu lugar. Numa versão tessália, o deus foi pai de Esquífio, o primeiro cavalo, que ele teve de Géia. Na Arcádia, foi pai de Aríon, o cavalo de "crinas azuis" que ele gerou transformando-se em garanhão para conquistar Deméter, metamorfoseada por sua vez em égua. Mas existe uma outra versão que diz que o fruto desta união não foi o cavalo Árion, mas aquela a quem chamam de Déspoina, a "Ama". Em Likosura, a Déspoina, filha de Deméter-Égua e de Posídon-Hipios, tinha um templo onde era muito venerada.

Ainda uma outra versão diz que ninguém pode saber o nome da filha de Posídon com Deméter, pois somente os iniciados o podem saber. Estas criações míticas se referem ao mistério da criação espiritual, em que o instinto é transmutado em espírito; assim, só aqueles que participam do processo de transformação psíquica entendem o significado simbólico desse mistério.

Segundo uma tradição ateniense, na disputa com Atena pela posse da Ática, Posídon teria feito sair da terra um cavalo e não uma fonte.[3] O que, simbolicamente, tem o mesmo valor, pois ao cavalo é atribuído o poder de dar nascimento às fontes. O corcel do herói Balder faz nascer uma fonte com um coice de seu casco. Ao deter o segredo cósmico das águas fertilizantes, o cavalo conhece o caminho subterrâneo que elas percorrem, o caminho da libido, a fonte da energia vital. Por isso se atribui a esse animal o poder de fazer brotar fontes com a pancada de seus cascos. Alguns heróis, como Hipóton, Neleu e Pélias, dos quais se diz serem filhos de Posídon, foram aleitados por éguas.

O deus-cavalo é considerado um presenteador de cavalos alados ou de cavalos dotados do poder da palavra e de inteligência. Ele doou a Belerofonte o cavalo alado Pégaso. A Peleu, o deus presenteou com os inteligentes Xanto e Bálio. Os cavalos alados representam a imaginação criadora e as qualidades espirituais e sublimes. Pégaso é visto correntemente como o símbolo da inspiração poética. Posídon é o deus detentor do grande reservatório da energia vital usado nos processos criativos e na possibilidade de transformação, transcendência e espiritualização dessa energia. Na Índia, os cavalos representam os instintos sob o comando do espírito, do Self. A ligação de Posídon com o cavalo é tão estreita que este animal pode mesmo substituí-lo, como narra a *Ilíada* no episódio da fraude de Antíloco contra Menelau.

Existe também uma relação simbólica muito forte entre o homem e o cavalo. O cavalo, tal qual o homem, possui uma natureza ctoniana, instintiva, e uma natureza celeste, espiritual. O cavalo é considerado tanto a montaria dos deuses quanto a principal montaria daqueles que se dedicam à busca espiritual. O filósofo Parmênides de Eléia, nos fragmentos encontrados da sua "doutrina do caminho da verdade", coloca o cavalo como o seu condutor nesta senda: "Os cavalos que me conduzem levaram-me tão longe quanto meu coração poderia desejar, pois as deusas guiaram-me, através de todas as cidades, pelo caminho famoso que conduz o homem que sabe. Por este caminho fui levado; pois por ele me conduziam os prudentes cavalos que puxavam meu carro e as moças indicavam o caminho."[4] Em muitos ritos e tradições religiosas da África e do Brasil, o homem possuído pelo espírito de uma entidade é chamado de cavalo, ele mesmo se transforma na montaria do espírito. Da mesma forma, nos ritos dionisíacos, dizia-se que os adeptos dos mistérios eram cavalgados pelos deuses.

A tarefa evolutiva do cavalo e do cavaleiro espiritual é transformar o instintivo em espiritual. Assim, o cavalo alado simboliza a transmutação ou a canalização do instinto para fins intelectuais e espirituais. E a imagem do cavaleiro cavalgando o seu cavalo é um símbolo da sua vitória contra as forças instintivas de regressão. É cavalgando Pégaso que Belerofonte combate a Quimera. O que o herói combate são as formas monstruosas, distorcidas e deformadas que o instinto assume quando é dissociado do desejo evolutivo. O cavaleiro é o representante do impulso evolutivo de espiritualização. Ele é uma espécie de guerreiro envolvido em uma causa superior espiritual, como Parsifal na busca do Santo Graal.

Além do cavalo e do touro, Posídon possui relações simbólicas estreitas também com outros animais, como o carneiro. Conta o mito que ele se casou na forma de um carneiro e que a sua noiva se chamava Teófane, "a que aparece como deusa" ou "a que faz um deus aparecer". Ele raptou a noiva, transformou-a em ovelha e a levou para uma ilha cujo nome talvez significasse "a ilha do carneiro". Desse casamento nasceu o carneiro com o velocino de ouro. Teófane revelou um dos aspectos de Posídon, o seu aspecto de carneiro, a sua força e potência geradora, que assegura a manutenção e a renovação do ciclo vital, biológico e espiritual. A ligação simbólica de Posídon com o carneiro sugere que ele é o deus representante da vitalidade primeva, da potência cósmica e animal, do surgimento súbito e primordial da vida instintiva e espiritual, no qual o instintivo e o espiritual estão ainda unidos. O carneiro se relaciona com a energia mantenedora, não só da vida instintiva, mas também da vida espiritual. Por isso, o velocino de ouro representa a riqueza do conhecimento espiritual que tem que ser conquistada.

Conta-se que Posídon também casou-se com Anfitrite, "a que circunda a terra", a rainha e a personificação feminina do Mar. Sendo ela a própria água que rodeia o mundo, representa a água feminina, o reino da sensibilidade, da emoção profunda, dos sentimentos, dos afetos, das paixões, dos temores. Ela é uma Grande Mãe que encarna, com o seu abraço cósmico circundante, a grande continência e amor universal que abrange toda a criação. Anfitrite, a esposa de Posídon, simboliza o grande receptáculo cósmico que contém e sustenta toda a criação, o lado maternal da Uroboro.

Como uma potência fertilizadora, Posídon teve ainda outros amores dos quais nasceram muitos filhos: gigantes, monstros e figuras que cometeram desmedidas. Estes filhos ilícitos representam os poderes ctonianos do Mar, a imagem do desmesurado, dos aspectos instintivos disruptivos e regressivos que devem ser combatidos pela consciência em sua aspiração evolutiva.

A evolução no sentido da busca da espiritualização crescente exige o conhecimento e o combate dessas forças atuantes na personalidade, pois o caminho espiritual não se faz sem a consciência e a atenção constante aos aspectos subdesenvolvidos de cada um. O desenvolvimento espiritual passa, inevitavelmente, pelo psicológico. Os deuses, na sua maioria — Zeus, Atena, Dioniso, Afrodite e mesmo Posídon —, são adversários dos gigantes e monstros, são adversários das forças involutivas que paralisam e estagnam a evolução espiritual. Estes deuses deixam para o homem a lição de que a busca da individuação exige, antes de tudo, a tarefa de combater as forças regressivas adversárias da espiritualização.

O senhor do Mar reinava à maneira de um Zeus marinho. Percorria as ondas sobre uma carruagem arrastada por seres marinhos híbridos, meio cavalos, meio serpentes. Para mostrar o seu poder e hierarquia de senhor do Mar, seu séquito era formado por peixes, delfins e criaturas marinhas de todas as espécies, como as Nereidas e mesmo Velhos do Mar como Proteu, que era encarregado de guardar os seus rebanhos. Era ainda acompanhado por seu filho Glauco, que antes fora mortal, mas que foi transformado pelo pai em deus marinho.

Posídon governa o seu império como um deus justo e bondoso, mas que pode, em algumas ocasiões, se tornar violento. Como no episódio de Laomedonte, quando lançou contra a cidade deste soberano terríveis monstros marinhos como vingança pela traição sofrida. A traição e a oposição da consciência ao inconsciente, como, por exemplo, no caso de um funcionamento de caráter unilateral dissociado do inconsciente, muitas vezes provoca distúrbios na personalidade de modo a corrigir e compensar a unilateralidade. O deus marinho representa o lado ou aspecto desconhecido pela consciência, e lhe é atribuído o domínio profundo do medo, das coisas imprevisíveis. Posídon causa temor.

Como um grande soberano, o deus carrega o seu tridente, ao mesmo tempo símbolo do seu poder e arma. O tridente é descrito pelos poetas como tão terrível quanto o raio do senhor do Olimpo; pode distribuir benesses ou castigos, pode agitar ou acalmar as águas. "Com o seu tridente o deus não apenas domina ou encrespa as ondas, provoca borrascas, sacode os rochedos, mas também faz brotar nascentes..."[5] Este deus é considerado na alquimia como o primeiro solvente e o responsável pela fermentação do composto. Ele dissolve provocando borrascas, tremores e tormentas. A ele é também atribuído o poder de acalmar a fúria do mar. É assim que Posídon, como Netuno, aparece no *Fausto* de Goethe.

Forjamos só nós de Netuno o tridente,
Que aplaina do mar o furor mais potente.
Se as nuvens Zeus rompe e desfecha a trovoada,
Netuno responde à terrífica atroada;
E quando arde o raio, no ar ziguezagueando,
Jorra onda após onda de baixo espirrando;
E tudo o que em pânico entanto naufraga,
Pós longo arremesso ao abismo a onda traga.
Cedendo-nos hoje, ele, o cetro-tridente,
Flutuamos festivos e languidamente.[6]

Segundo Paul Diel, o tridente é símbolo de culpa e os seus três dentes representam as três pulsões: sexualidade, nutrição e espiritualidade. O tridente é o símbolo da força fálica masculina de Posídon, que faz brotar a vida. Para defender a filha de Dânaos contra o ataque de um sátiro, o deus arremessa o seu tridente, que se crava numa rocha; ao retirá-lo, faz brotar três fios de água que se transformam na fonte de Lerna. A Posídon é atribuído o poder de fazer brotar as fontes. Na alquimia, o tridente é a representação simbólica dos três princípios da Obra.

Platão (*Crítias*, 113) atribui a Posídon o poder, na Atlântida, de fazer esguichar do chão duas fontes de água, uma quente e a outra fria, e de fazer nascer sobre a terra plantas nutritivas de todas as espécies, em abundância. Ele é um deus que participa da criação do mundo do Pai, trazendo a sua contribuição na forma da fertilidade das águas. Posídon, o deus dos mares e das terras agitadas, é o símbolo das forças ctonianas criadoras que precisam se expressar através de formas duráveis e estáveis.

O tridente, à semelhança do raio, é um emblema solar, pois Posídon, tal qual o deus hindu Shiva, que também é possuidor de um tridente, é tanto o transformador do mundo quanto o destruidor das aparências. Como um deus que possui a qualidade de transformação do mundo, ele participou da nova ordem, quando o mundo foi dividido em três domínios. O seu tridente representa o estabelecimento da hierarquia dos três níveis da manifestação e a divisão do tempo em presente, passado e futuro. As três pontas do tridente também simbolizam as três fontes de doação de Posídon: a fonte de vida, de alimento e de espiritualidade.

CAPÍTULO 4

Tritão:
O Mensageiro
de Posídon

Filho de Posídon e de Anfitrite, Tritão era um deus marinho que tinha uma forma semipíscea e semi-humana; a parte superior de seu corpo era de homem e a parte inferior, um peixe de longa cauda. Era o mensageiro de seu pai, a quem precedia sempre, anunciando a sua chegada ao som de uma concha recurva. Tem por domínio o mar inteiro, embora apareça, em relatos tardios, como senhor do lago Tritônis na Líbia. Nesta variante, o deus aparece como o educador de Atena e o pai de Palas, a companheira de brinquedos da "deusa do elmo de prata". Palas morreu acidentalmente na mão da companheira. E a filha de Zeus, para honrar-lhe a memória, confeccionou o Paládio, uma estátua com feições semelhantes às de Palas.

Os poetas atribuem a Tritão um outro ofício além do de arauto de Posídon: o de acalmar as ondas e fazer cessar as tempestades. Conta Ovídio que Posídon, querendo acalmar as águas do dilúvio, manda Tritão tocar a buzina, a cujo som as águas se retiram. Virgílio relata que, quando Posídon quis apaziguar a tempestade que Hera lançara contra Enéias,Tritão, em companhia de uma Nereida, empregou todos os esforços para salvar os navios encalhados.

"Hesíodo chamava Tritão de 'o da força ampla' e descrevia-o como um grande deus que habitava o fundo do mar, no palácio de ouro de sua adorada mãe Anfitrite e de seu senhor e pai Posídon. Segundo o poeta, era uma divindade terrível."[1]

A tradição se refere apenas a um caso seu de amor com Hécate, a deusa do mundo subterrâneo, embora as histórias a seu respeito o descrevam como um Sileno ou Sátiro do mar, estuprador de mulheres e de meninos também. Um mito da Beócia conta que, numa festa em homenagem a Dioniso, as mulheres se banhavam nuas num lago quando Tritão as atacou ou quis violentá-las. Dioniso, chamado aos gritos por suas adoradoras, afugentou o intruso.

Tritão era descrito como um ser capaz de despertar o terror e desencaminhar os homens com a sua trompa de concha. O plural de Tritão, Tritões, se refere a vários seres divinos que fazem parte do cortejo de Posídon. Muitas vezes esse cortejo aparece descrito como um grupo de Tritões masculinos e femininos. As Nereidas freqüentemente os acompanhavam, quando eles nadavam em procissões, celebrando o nascimento de Afrodite.

"No mito dos argonautas, Tritão aparece sob a forma de Eurípilo, seu avatar, quando os companheiros de Jasão chegaram ao lago Tritão, e após oferecer a Eufemo um pedaço de terra compacta e mágica, revelou aos nautas de Argos a rota que os conduziria ao Mediterrâneo."[2]

Tritão, o filho de Posídon e Anfitrite, possuía uma dupla forma: semipíscea e semi-humana, o que o torna participante de duas dimensões da existência. Como peixe, ele é um habitante do mundo das águas subterrâneas, do mundo virtual, informal, do inconsciente. Enquanto isso, como homem, ele vive na superfície das águas, participa da realidade da consciência, onde as formas se manifestam, atualizam-se, aparecendo então como experiência real no mundo.

De acordo com a concepção mítica, tudo o que se destaca das águas, que se manifesta na sua superfície, adquire forma, torna-se consciente e deixa de ser pura virtualidade. Tritão simboliza as polaridades de um processo: o peixe, como um aspecto da totalidade do Self, que vem a se manifestar como individualidade, como homem.

Na sua natureza de peixe, o filho de Posídon e Anfitrite é um ser do elemento aquoso e um símbolo das águas, e, como tal, está associado ao nascimento, à origem primordial de todas as coisas e à sua renovação cíclica. Tritão relembra a natureza ancestral do homem como um ser da água, um ser que tem a sua origem mais arcaica no Self, no inconsciente coletivo, na fonte primordial de toda a existência. O homem é um filho do mar, do inconsciente cósmico que caminha evolutivamente em busca da realização de sua humanidade.

O filósofo Anaximandro diz que o peixe é o pai e a mãe de todos os homens. Os homens cresceram, originariamente, no interior dos peixes, e após terem sidos nutridos, desenvolveram a capacidade de proteger-se, foram expelidos e arrojados à terra.[3] O peixe representa a potencialidade do Self que deseja se expressar, sair da natureza, do estado animal, e se atualizar em forma humana.

Tritão simboliza exatamente essa passagem de uma realidade para outra, do mundo virtual do inconsciente e da natureza para o mundo humano das formas manifestadas na consciência e da civilização. O filho de Posídon aparece como um ser ambíguo, meio peixe, meio homem, mas, por assim ser, é capaz de fazer a comunicação e de estabelecer a relação do consciente com o inconsciente, preservando o eixo ego-Self e garantindo a troca energética entre o mundo interno e o mundo externo, entre o homem e os deuses.

A aparência corporal de Tritão o liga simbolicamente ao processo de diferenciação que retira o homem da totalidade indiferenciada, da participação e comunhão com o inconsciente coletivo, para a construção da individualidade. O deus marinho mostra o caminho do inumano para o humano, da indiferenciação para a diferenciação, do instintivo para o psíquico. Tritão simboliza a trajetória do homem: de peixe para homem, de um ser mergulhado no oceano da totalidade paradisíaca cósmica, de um ser submerso nas pulsões libidinais, para um ser histórico submetido à lei do tempo e da vida, que descobre possuir limites e limitações. Os mitos e os deuses cosmogônicos são os símbolos que descrevem o processo de humanização, a saída do homem da natureza e o surgimento do processo consciente, do mundo da consciência e da individualidade.

Tritão pode ser considerado uma representação do ego como o filho que está a serviço da realização do Self, do Pai. Tritão anuncia a transformação do potencial energético arquetípico do Pai em atualidades duráveis e estáveis, transformação que tem por finalidade a construção da realidade formal. Ele é considerado o mensageiro de Posídon. O filho possui a função simbólica de revelar o desejo do Pai e de realizar esse caminho evolutivo e espiritual por meio da ação criativa no mundo.

O filho de Posídon é tanto um ser que contém as possibilidades virtuais e latentes das águas, no seu aspecto de peixe, quanto, na sua aparência de homem, é o arauto, o anunciador do mundo formal, do mundo do Pai. Tritão mostra a origem do homem ligada ao Self — portanto, divina — e a realização de sua individualidade no mundo das formas, da consciência — que é, em última análise, um desejo do Self.

Tritão pode ser considerado o mensageiro de seu pai, pois, como filho, ele é o instrumento da revelação do desejo do Pai, é um avatar de Posídon. Da mesma maneira, o peixe Matsya é um avatar de Vishnu, que salva Manu do dilúvio, considerado na sua aparência de homem, o legislador do ciclo presente. Tritão revela em formas atualizadas o que em Posídon estava em germe, transformando o potencial do Self criativo paterno em realidades manifestas e visíveis.

Em inúmeras tradições religiosas, o peixe tem sido visto como o possuidor da função de revelação, como o Oânes babilônico, considerado o grande Revelador. Os animais aquáticos, de uma forma geral, e sobretudo o peixe, tornam-se o emblema do sagrado porque encarnam a realidade absoluta do Self concentrada simbolicamente nas águas. Na Índia é também o peixe Matsya quem faz a revelação dos Vedas, o conjunto da Ciência Sagrada.

A soberania e a santidade são distribuídas pelos gênios marinhos em forma de peixes, serpentes ou dragões. A força mágico-religiosa era transmitida aos heróis por seres míticos femininos com "cheiro de peixe". Muitos iogues dizem que obtiveram a revelação da ciência sagrada do Ioga depois de terem se transformado em peixes. Tritão, como o senhor do lago, e sob a forma de Eurípilo, um seu avatar, oferece a Eufemo um pedaço de terra compacta e mágica. Ele oferece a revelação do poder divino do Self, que muitas vezes aparece de forma compacta e concreta.

No mito dos argonautas, Tritão, também sob a forma de Eurípilo, revelou aos nautas de Argos a rota que os conduziria ao Mediterrâneo. O deus marinho representa, nesta passagem, o ego afinado com os desejos do Self, isto é, orientado quanto às suas metas e ao caminho evolutivo a seguir. Assim, ele pode ser o mediador, o psicopompo entre o Self e o ego.

O peixe na alquimia possuía esta qualidade simbólica de orientador e de revelador de um processo, de um caminho a ser seguido pelo adepto. Jung definiu o Self como um fator de orientação íntima, como o centro regulador que provoca uma constante mobilização da consciência e que pode orientar o ego na sua busca de desenvolvimento. Mas este aspecto ativo e criador do Self só pode entrar em ação quando o ego não está em conflito quanto às suas metas e assim pode se tornar receptivo ao impulso interior de crescimento.

A simbologia do peixe foi amplamente aceita e utilizada pelo cristianismo. Cristo aparece, muitas vezes, representado como um peixe. Cristo é o Peixe que guia a Arca celestial e é comparado com o Oânes, o civilizador babilônico, ele próprio um peixe. A palavra grega *Ichtus*, que significa peixe, foi adotada pelos cristãos como um ideograma de Cristo, sendo cada uma das cinco letras gregas a inicial de palavras que significam " Iesus Christós Theou Uios Soter", o que se traduz como "Jesus Cristo, Filho de Deus, Salvador". Os cristãos são também vistos como pequenos peixes, os *pisciculi*, e Cristo como o seu Salvador e Pescador. A pia batismal era chamada de piscina, que significa tanque de peixes. O sinal do peixe foi então utilizado como um sinal secreto de reconhecimento entre os cristãos.

O peixe é também visto no cristianismo como o alimento do corpo e do espírito, da mesma forma que o pão. O peixe foi o alimento comido por Cristo depois que ressuscitou. Cristo alimentou milhares de pessoas com peixes que multiplicou milagrosamente. O "cálice da bênção" judaico às vezes era ornamentado com imagens de peixes, pois para os judeus os peixes eram considerados como a comida dos bem-aventurados no além. "Na tradição judaica, o peixe é uma espécie de alimento eucarístico reservado aos justos, na vida futura. Estes últimos se revestirão de um manto de pele de peixe, depois da morte. Cristo não é apenas o peixe, mas sobretudo o peixe que é comido eucaristicamente.[4] Ele é, como peixe, o alimento milagroso para aqueles que buscam o seu aprimoramento evolutivo.

Na maior parte da iconografia dos povos indo-europeus, o peixe é um símbolo tanto de fecundidade quanto de sabedoria. Na Mesopotâmia, o peixe é um símbolo da fecundidade da água, da providência divina que põe em disponibilidade o alimento farto para os seus filhos. E, entre os índios da América Central, ele é um símbolo do deus do milho, da fecundidade dos alimentos. Segundo Plutarco, costumava-se comer um peixe assado diante da porta da casa, no primeiro dia do ano, como augúrio de prosperidade para o ano que se iniciava. O peixe pode ser visto simbolicamente como o alimento farto que o inconsciente coloca à disposição da consciência.

O peixe geralmente está associado à fecundidade que provém do amor. Em sânscrito, o nome do deus do amor significa "aquele que tem por símbolo o peixe". E na Síria ele é o atributo dos deuses e deusas do amor. No seu aspecto de peixe, Tritão representa a prosperidade e a fecundidade da vida biológica e espiritual, a fecundidade gerada pelo amor. Assim sendo, ele é o possuidor do atributo fálico. Embora a tradição se refira a apenas um caso de amor de Tritão com Hécate, a deusa do mundo subterrâneo, as histórias a seu respeito o descrevem como um Sileno ou Sátiro do mar, isto é, como uma força fálica fecundante e avassaladora.

A psique possui uma tendência muito forte à formação de analogias simbólicas, em que símbolos equivalentes em significado reforçam juntos o próprio significado. Desta forma, fortalecendo o significado simbólico de potência fálica geradora atribuído ao peixe e por conseqüência a Tritão, o peixe é muitas vezes representado como um losango, isto é, como dois peixes em direções opostas, representando o jogo de forças cósmicas, do céu e da terra, que lutam em direções opostas.

O losango, por sua vez, é também o símbolo da união da potência masculina e da potência feminina, e representa tanto a vulva quanto o falo. O losango simboliza a vulva como a matriz da vida, significando a porta para os mundos subterrâneos, a passagem para o ventre do mundo, a entrada na residência das forças ctonianas. A sua representação fálica é associada ao jaguar, à sua força fecundante masculina. Na arte maia, as manchas do jaguar são representadas como círculos cercados de losangos. O losango também expressa o aspecto ambíguo da união dos opostos contido no símbolo do peixe, bem como o seu caráter contraditório. A força fálica se encontra presente no masculino e no feminino, na totalidade dos opostos. Como diz Jung, a manifestação da totalidade é necessariamente de caráter paradoxal, caráter esse expresso nos dois peixes paralelamente opostos entre si.[5]

Em todas as tradições o peixe, como representação da energia fálica, também contém uma dupla natureza, material e espiritual. Por um lado é visto como impuro; por outro, é um objeto sagrado. O Leviatã da tradição judaica, considerado um grande peixe, traz em si mesmo esta dupla natureza masculina e feminina. E mais tarde adquire um caráter positivo e negativo ao mesmo tempo: Leviatã e Beemot, monstrosirmãos adversários. No Egito era proibido aos sacerdotes comer peixe, porque era considerado impuro, mas o peixe também era cultuado como um promotor de fecundidade, da felicidade e da sorte e um símbolo da alma. O deus Tritão, tal como o peixe, representa e personifica o mundo material e espiritual. Ele é o representante do lado escuro e abissal da matéria, as profundezas da água, dos mundos inferiores do inconsciente, que tanto pode possuir um lado positivo quanto negativo.

A concha, o atributo dos Tritões, é considerada como um símbolo da fertilidade, do prazer sexual e da prosperidade das águas, mas também da morte. A concha está ligada ao arquétipo feminino lua-água, fertilidade-gestação, e também ao feminino da morte-regeneração, às divindades ctonianas. Os astecas chamavam de Teccaciztecatl — que significava "o da concha" — ao seu deus-lua, atribuindo-lhe o poder de fecundidade e de geração. Para os maias, as conchas simbolizavam o mundo subterrâneo e o reino dos mortos.

"Na Índia, soprava-se um búzio durante as cerimônias realizadas nos templos e por ocasião também das cerimônias agrícolas, nupciais e funerárias."[6] O papel importante das conchas nas cerimônias funerárias da Índia é bastante conhecido, como o costume de forrar de conchas o caminho que leva da casa do morto ao cemitério. A imagem da concha põe o defunto em comunicação com a força cósmica que atua na vida, na morte e no renascimento. Mircea Eliade diz: "Graças ao poder criador da concha — na sua qualidade de emblema da matriz universal — é que as conchas têm lugar nos ritos funerários."[7]

Tritão freqüentemente aparece soprando a sua concha recurva para anunciar a chegada de Posídon. Nessa qualidade adquire um caráter quase messiânico e muitas vezes desperta o terror. A concha-trompa do filho de Posídon tanto evoca o som primordial quanto pode anunciar o som natural da verdade espiritual. Os tibetanos usam uma concha-trompa com a finalidade ritual de causar uma perturbação e aniquilamento do mental, necessária à percepção interior do som natural da Verdade. A concha do deus marinho representa o arquétipo da vida em constante renovação e tanto simboliza a vida como a morte, o nascimento carnal e o espiritual; por isso podia despertar terror. Tritão, como um deus pertencente ao mar, traz significativamente ligada à sua identidade a idéia de começo e de fim, do poder de gerar e de dissolver das águas.

Hesíodo descrevia Tritão como aquele que possui "uma força ampla", que habitava o fundo do mar, no palácio de ouro de sua adorada mãe Anfitrite e de seu senhor e pai Posídon. Herda de sua mãe a função de ser o distribuidor de toda a força fecundante das águas primordiais que dão origem à vida, e, de seu pai, a energia fálica construtora das formas, que dá origem ao mundo. Como o peixe, que está freqüentemente associado à idéia de fertilidade e de energia geradora do conhecimento, o filho de Posídon fornece a força construtora masculina e feminina para a criação do mundo.

Este deus representa a idéia mais arcaica da energia cósmica que é tanto masculina quanto feminina, positiva e negativa, e que está presente em tudo. A "força ampla" atribuída por Hesíodo a Tritão é a força descrita nas cosmogonias antigas como o poder propulsor e ativo que reúne e aglutina as partículas e os elementos, fazendo-os combinarem entre si. Para os hindus, a força construtora da eletricidade cósmica brotou como Rudra da cabeça de Brahma, do Cérebro do Pai e do Seio da Mãe, e depois se metamorfoseou em macho e fêmea, em positivo e negativo. Corresponde à Vontade e ao Desejo de criar de Brahma, descritos nos *Puranas*. Entre os fenícios, no Desejo está todo o princípio da criação. No *Rig Veda*, ele aparece associado a Vishnu como a energia penetrante, o poder elétrico vital que dá forma à matéria informe. Na cosmogonia grega mais arcaica, assemelha-se a Eros, a força de ligação que está presente em toda a criação. A força do filho de Posídon é o elo que une o espírito à matéria, o sujeito ao objeto, e o princípio animador que eletriza cada átomo para imprimir-lhe a vida.

O deus marinho era muitas vezes descrito no plural como Tritões, o que se referia a vários seres divinos que faziam parte do cortejo de Posídon. Este cortejo também aparece descrito como um grupo de tritões masculinos e femininos. A força de Tritão não se restringe à expressão da polaridade masculina ou feminina; ultrapassa qualquer limitação e manifesta-se através das mais variadas formas. Tritão tanto representa a potencialidade geradora do Self em sua totalidade, que é masculina e feminina ao mesmo tempo, quanto a atualização desse poder na formação das coisas. Tritão, com a sua força, é a expressão da força viva criada pela vontade do Self.

Tritão, como um deus definido pela ambigüidade, homem e peixe, e onde o masculino e o feminino estão unidos, representa a totalidade primária indiferenciada e a totalidade alcançada como o resultado de um processo. Pois o peixe, como um símbolo do Self, representa o princípio masculino e o feminino unidos em uma totalidade.

Esse deus representa a origem arcaica do homem nos seus primórdios, quando ainda estava indiferenciado do Self, do coletivo. Mas ele também representa a possibilidade de totalidade a ser alcançada através do processo de diferenciação do ego, onde é preservado o eixo Ego-Self, e se mantêm o contato e a penetração no mundo das forças ctonianas, na matriz das energias fálicas, e a comunicação com o mundo superior, onde essa energia pode ser utilizada. Os pares de opostos constituem uma só e mesma coisa, um *complexio oppositorum* ou o símbolo da unificação.

Tritão é, como diz muito bem Hesíodo, o deus da "força ampla"; ele é aquele que possui a força cósmica de origem ctônica geradora e construtora, mas também que dissolve e anula. Ele é o deus que contém a potencialidade que pode levar para a indiferenciação regressiva ou para a individuação. Tritão, no seu aspecto duplo, constitui um *complexio opposito-*

rum. Ele é, como o peixe alquímico, o símbolo da substância arcana e do lápis, que designa tanto a matéria inicial (a matéria-prima) quanto o produto final do processo, a unificação. (*Lapis Philosophorum*). Tritão é um complexo e profundo símbolo do Self.

CAPÍTULO 5

Glauco: Aquele que Possui a Cor Azul-clara do Mar

Glauco, o deus marinho, é filho de Posídon e de uma ninfa do mar chamada Naís. Nasceu mortal mas, um dia, tendo posto sobre as ervas da margem uns peixes que acabara de pescar, notou que eles se agitavam de um modo extraordinário e se lançavam ao mar. Acreditou que estas ervas possuíam uma virtude mágica, provou-as e tornou-se um deus marinho. Posídon e Tétis despojaram-no do que tinha de mortal e o admitiram como um deus. Glauco tomou uma nova forma, suas espáduas se desenvolveram, o corpo da cintura para baixo converteu-se numa longa e grossa cauda de peixe e no seu rosto cresceu uma barba espessa com reflexos verdes como a pátina do bronze. Seu aspecto tem muita semelhança com o de Tritão.

O novo deus marinho recebeu dons divinatórios, mas só os empregava quando o desejava, dependendo do seu humor e da sua vontade. Glauco era o intérprete de Nereu, predizia o futuro e foi ele quem ensinou a Apolo as artes mânticas. A cidade de Antedonte construiu-lhe um templo onde freqüentemente lhe ofereciam sacrifícios. Teve mais tarde, nessa mesma cidade, um oráculo muitas vezes consultado pelos marinheiros.

Foi este deus quem apareceu aos Argonautas. Menelau, voltando de Tróia, ao dobrar o cabo Maléia avistou Glauco e ficou extremamente esperançoso. O deus seguiu mar afora a nau Argo e lutou ao lado dos Argonautas, e se diz que foi o único sem ferimentos.

Era tido como um grande amante. Virgílio, na *Eneida*, o faz pai da Deífobe, a Sibila de Cumas. Cortejou Cila, ninfa de extrema beleza, mas como não era correspondido, pediu a Circe, que por sua vez o amava, um filtro de amor. A feiticeira aproveitou a ocasião para vingar-se da rival. Atirou ervas mágicas na fonte em que Cila se banhava e esta foi transformada em um monstro devorador que possuía seis garras, seis goelas e seis cabeças; uma matilha de cães saía-lhe do corpo em redor da cintura. Cila, horrorizada com a sua forma monstruosa, atirou-se ao mar perto dos rochedos do estreito da Sicília, que passaram a ter o seu nome.

Glauco tentou também conquistar Ariadne quando esta foi abandonada por Teseu na ilha de Naxos. Não o tendo conseguido, passou a integrar o cortejo de Dioniso quando este se casou com a filha de Minos.

Além do deus marinho, existem quatro heróis que se chamam Glauco. O primeiro é um troiano, filho de Antenor e de Teano, que ajudou Páris a raptar Helena. O segundo Glauco é filho de Hipóloco. Renomado por sua astúcia e coragem, comandou um contingente lício ao lado do seu primo Sarpédon. O terceiro Glauco é filho de Sísifo e sucedeu o pai no trono de Éfira. O quarto herói com o mesmo nome era um filho de Minos e de Pasífae, que morreu e foi ressuscitado.

Glauco, o filho de Posídon e da ninfa Naís, nasceu mortal, mas depois que comeu certas ervas ou, segundo outros, algas, tornou-se um deus marinho. Foi então despido, pelas deusas do mar, de tudo o que era mortal, tomando uma nova forma, a forma de peixe. O mito atribui, sem sombra de dúvida, a transformação de Glauco em peixe ao fato de ter comido essas ervas.

Glauco come das ervas ou das algas da margem porque tem conhecimento e acredita que elas possuem uma virtude mágica. Comer ativamente e de forma consciente uma planta é um modo de reivindicar seu poder e de assimilar a sua magia, pois as plantas representam o alimento primordial, saturado de energia sagrada. As ervas simbolizam, de forma geral, tudo aquilo que é curativo e vivificante, e por assim ser, acredita-se que tenham o poder de facilitar o parto, aumentar a potência genética, assegurar a fertilidade, a riqueza e afastar a má sorte, as doenças ou as forças negativas.

A atribuição de valores mágicos e terapêuticos a determinadas plantas ou frutos é amplamente difundida em quase todas as culturas e se deve à influência e à saturação de símbolos arquetípicos que conferem uma força especial a estas concepções. Os gregos têm a Ambrosia, os mazeístas o Haoma e os hindus o Soma. O *Rig Veda* (VIII, 48) diz que aquele que bebe o Soma torna-se imortal:

Bebemos Soma, tornamo-nos imortais,
Ganhamos a luz do entendimento, os deuses descobriram.
Que pode a hostilidade contra nós?
Qual é, ó Imortal, o objetivo impiedoso do homem mortal?

Quando ingerido, ó Indu, és alegria para o nosso coração,
Boníssimo, ó Soma, como um pai para um filho;
Cortês como um amigo é para outro, ó tu de ampla fama,
Prolonga nossos anos para que possamos viver, ó Soma.[1]

Nos textos sagrados antigos o simbolismo do valor sagrado da seiva das plantas geralmente se refere a obtenção da imortalidade e da perfeição. Gilgamesh, o herói babilônico, na esperança de conhecer o segredo da imortalidade, realiza uma jornada longa e difícil em busca de Utnapishtim, o único ser humano que se dizia haver conseguido obter a imortalidade. Por ele, Gilgamesh fica sabendo da existência de uma planta maravilhosa que cresce no fundo do mar e que confere a imortalidade:

> Diz Utnapishtim a Gilgamesh:
> Gilgamesh, aqui vieste com muita luta e fadiga.
> Que te posso dar para que voltes à tua terra?
> Quero revelar, ó Gilgamesh, uma coisa secreta,
> É... de uma planta que quero te falar:
> Esta planta, assim como o sanguinheiro, é sua...
> Seus espinhos picarão tuas mãos tais como os da roseira.
> Se tuas mãos conseguirem a planta, tu alcançarás a vida.
> Mal acabara de ouvir isto,
> Gilgamesh amarrou pesadas pedras aos pés
> E mergulhou nas águas.
> As pedras puxaram-no para o fundo e lá ele viu a planta.
> Apanhou-a, embora ela picasse suas mãos.[2]

Em algumas gravuras alquímicas aparece uma espécie de gramínea em volta dos adeptos. Esta planta ou erva foi sempre muito discutida na literatura alquímica e é chamada de "nostoc"; é uma espécie de alga gelatinosa considerada um solvente universal. "Canseliet dá para o 'nostoc' vários nomes populares: manteiga mágica, gordura do orvalho, flor do céu, espuma da primavera, vitríolo vegetal, princípio da vida celeste."[3]

A extração da essência vegetal de certas plantas é, em si mesma, um ato simbólico e ritual que significa um despojamento do invólucro do corpo, a liberação e o surgimento do Self, livre de sua aparência formal. O elixir da imortalidade, citado em muitas tradições religiosas, simboliza o estado de consciência transformado espiritualmente e, portanto, perenizado.

As árvores e as plantas, de uma forma bastante ampla, representam o universo em permanente regeneração e encarnam o símbolo da vida inesgotável. Assim, a imortalidade e a juventude eterna estão concentradas nas plantas ou nas árvores. O significado simbólico das ervas possuidoras de qualidades milagrosas e mágicas que conferem juventude e imortalidade está relacionado com o arquétipo da Árvore da Vida. Como diz Mircea Eliade: "A Árvore da Vida é o protótipo de todas as plantas miraculosas, as que ressuscitam os mortos, curam os doentes, dão juventude, etc."[4] "Quando Salomão pede a imortalidade à rainha de Sabá, ela fala-lhe de uma planta que se encontra no meio das rochas. Salomão encontra um homem branco, um velho que passeia com a planta na mão e que lha dá com alegria, porque enquanto a guardasse não poderia morrer."[5]

A Árvore da Vida pode trazer a imortalidade para aquele que provar de seus frutos, mas essa não é uma tarefa fácil. A mitologia narra freqüentemente que essa árvore ou as plantas capazes de conferir a imortalidade estão escondidas, como a Árvore da Vida do Jardim do Éden, cuja localização não é revelada por Deus a Adão; ou são de difícil acesso; ou pode-se consegui-la e depois perdê-la, como a planta da imortalidade que Gilgamesh tirou no fundo do oceano. Ele consegue obter a planta, mas, ao parar numa lagoa para refrescar-se, uma serpente leva-a embora:

Gilgamesh viu uma lagoa de água fresca
E entrou nela para banhar-se.
Uma serpente farejou a fragrância da planta;
Saiu da água e levou-a embora.
Ao voltar à água mudou de pele.
Então Gilgamesh sentou-se e chorou.[6]

Os frutos da imortalidade são geralmente guardados por monstros, serpentes e dragões. Os pomos de ouro do jardim das Hespérides eram guardados por um dragão que teve que ser morto por Héracles. A luta do herói com o monstro que guarda os frutos da imortalidade faz parte do complexo simbólico que descreve o processo iniciático ou de individuação. Aquele que busca a imortalidade terá que enfrentar o dragão, as forças caóticas, a inconsciência e a ignorância, adversários do homem, para ter acesso ao conhecimento e à Árvore da Vida, a imortalidade.

A serpente e o dragão são os detentores do mistério do conhecimento do bem e do mal, são os símbolos da sabedoria integral. Matar estes animais tem o significado de se apropriar deste conhecimento, desta força necessária ao processo criativo. Nas cosmogonias universais, matar a serpente ou o dragão corresponde ao desencadeamento do processo criador. Os deuses guerreiros matam o dragão esmagando-lhe a cabeça com sua lança e o precipitam nas profundezas, aprisionando a energia primordial. Sobre a cabeça trespassada, o deus criador assenta as bases de sua obra cósmica. Assim, Marduk matou Tiamat, Apolo matou Píton, Krishna matou Káliya, Sigurd matou Fafnir.

Os gnósticos faziam a distinção entre a boa e a má serpente. E foi somente na Idade Média, com o cristianismo, que a serpente passou a ser o símbolo do mal e do demônio. A serpente e a Árvore da Vida estão estreitamente associadas no seu significado mais profundo, pois constituem um símbolo da imortalidade e do conhecimento. Na Índia, o iniciado era chamado de dragão ou serpente naga.

A imortalidade é um bem difícil de alcançar. A imortalidade está concentrada numa planta, numa árvore ou numa fonte que se encontra num lugar inacessível, que simboliza o Centro, o lugar "real" e sagrado por excelência. A Árvore da Vida geralmente se encontra no Centro do universo e liga três planos, o Céu, a Terra e o Inferno. Muitas vezes, ela pode estar situada no topo de uma montanha, no Centro da Terra.

O caminho que deve ser trilhado é longo, penoso, semeado de dificuldades, como todo caminho de busca que leva para a fonte da imortalidade, para o "Centro". E se exige daquele que empreende esta busca uma atitude determinada e ética. O processo de individuação, de busca da totalidade, pressupõe uma atitude de luta e integridade na busca da consciência, além do conhecimento e a fé na unidade da vida espiritual e na imortalidade do espírito.

No caso do mito de Glauco, o seu processo não é marcado por nenhuma dificuldade. Ao contrário, a sua descoberta da planta da imortalidade quase se dá por acaso. Ele não teve que trilhar nenhum caminho penoso e muito menos enfrentar ou matar um monstro para conseguir a planta da imortalidade. Um dia, casualmente, tendo depositado uns peixes que acabara de pescar sobre as ervas da margem, percebeu que eles se agitavam de um modo extraordinário e se lançavam ao mar. Glauco acreditou que estas ervas possuíam uma virtude mágica, comeu-as e tornou-se um deus marinho.

Mas, como Jung provou que o acaso não existe, a descoberta de Glauco aconteceu porque ele estava preparado para "ver", para o ato de conhecer, porque ele era um pescador. O pescador é, simbolicamente, aquele que se dedica ao ato de buscar no inconsciente, de "fisgar" o alimento da sabedoria para a consciência. Ele dedicava a sua vida à prática do conhecimento e era possuidor da virtude da sabedoria, já era um iniciado. Como diz Eliade: "A própria sabedoria e, por extensão, todo o conhecimento sagrado e criador são concebidos como o fruto de uma iniciação, isto é, como o resultado ao mesmo tempo de uma cosmogonia e de uma obstetrícia. Não era sem razão que Sócrates se comparava a uma mulher sábia: ajudava o homem a nascer para a consciência de si mesmo."[7] O mito liga o filho de Posídon a fatos simbólicos que se referem à busca da individuação. Foi este deus que acompanhou a nau Argo e lutou ao lado dos Argonautas. Glauco integrava o cortejo de Dioniso depois de sua individuação, do seu casamento com Ariadne.

De forma geral, os mitos afirmam que o conhecimento, o criar consciência, é o caminho para a imortalidade. É preciso que o herói faça um caminho iniciático que envolve o conhecimento do bem e do mal, a aquisição da sabedoria, provando ser merecedor de comer dos frutos da Árvore da Vida. No Gênesis, a serpente é quem induz Adão e Eva a comer o fruto da Árvore da Ciência, garantindo-lhes que isso não lhes causará a morte, mas lhes dará a divindade. A saída do estado paradisíaco, isto é, do estado de inconsciência, é a condição necessária para o caminho evolutivo psicológico e espiritual do homem. O conhecimento do bem e do mal retira o indivíduo do estado de alienação e o torna capaz de "ver" onde se encontra a Árvore da Vida ou a planta milagrosa que lhe dará a imortalidade, ou o conhecimento da eternidade do espírito.

Glauco estava capacitado para "ver" e acreditou no que via; assim pôde reconhecer que se tratava da erva da imortalidade. Ele não necessitou de um guia ou mestre que lhe indicasse o caminho, o seu conhecimento interno era o seu próprio guia. Apenas os peixes, o seu guia interior e símbolos do Self foram os sinais que lhe apontaram o caminho da verdade. Como já se disse, o peixe possui o papel simbólico de Revelador e de Salvador. Foram os peixes que revelaram a Glauco o conhecimento do poder da planta da imortalidade. No seu papel messiânico e de psicopompo, os peixes apontam ao filho de Posídon o caminho da totalidade.

O processo de individuação requer a saída da condição narcísica da totalidade primária e indiferenciada, e a assunção da ferida da castração, da incompletude, para que seja possível a busca do preenchimento da falta de uma forma criativa. Os peixes mergulhando na água podem simbolizar o caminho humano de evolução, a queda do homem, a descida do espírito na matéria para que, através de uma evolução espiritual da consciência, possa retornar ao Princípio Primeiro, se tornar Peixe.

Aquele que já provou dos frutos da Árvore da Ciência é um iniciado porque conhece o bem e o mal, se humanizou, e assim está preparado para comer os frutos da Árvore da Vida. O filho de Posídon, tendo trilhado o caminho do homem, da assunção de ser incompleto, pode agora provar do fruto da imortalidade e sofrer a grande transformação. Comer as ervas neste mito tem o significado de comer o fruto da Árvore da Vida, de processo de passagem, de renascimento, de um parto espiritual no qual o homem toma uma nova forma, a forma de peixe, e se torna um deus, participando da totalidade. Glauco morre para o mundo profano e renasce para o mundo espiritual. Como diz Eliade: "A não-morte, a imortalidade deve ser entendida então como uma situação-limite, situação ideal para a qual o homem tende com todo o seu ser e que se esforça por conquistar, morrendo e ressuscitando continuamente."[8]

O filho de Posídon e de Naís sofreu um processo de transformação: suas espáduas se desenvolveram, o corpo da cintura para baixo converteu-se numa longa cauda de peixe e no seu rosto cresceu uma barba espessa com reflexos verdes. "A terminologia indiana do renascimento iniciático lembra por vezes o simbolismo arcaico do 'novo corpo' que o neófito obtém."[9] Glauco ganha um novo corpo, um corpo de peixe, isto é, adquire a sabedoria. O *Popol-Vuh* conta que os deuses gêmeos do milho, depois de sua morte iniciática, ressuscitam do rio cinco dias depois, primeiro sob a forma de peixe e depois como homens-peixes. O peixe é, em muitas tradições, considerado um símbolo de sabedoria alcançada. Cristo é visto como o Peixe e, ao mesmo tempo, como o Pescador. Buda também é um pescador de homens. Glauco, como o Cristo ou como Buda, também era um pescador, ele exercia a atividade da pesca, isto é, buscava, no mar ou no rio do inconsciente, extrair a riqueza do conhecimento sobre si mesmo.

Toda pessoa que se dedica ao ato de investigação do inconsciente com a finalidade de obter o conhecimento de si mesmo e da vida é um pescador. O conhecimento do mundo reside dentro de cada um. Os alquimistas valorizavam o autoconhecimento e a autotransformação como o caminho para a transformação alquímica. É a transformação da natureza interna, isto é, dos vis metais psíquicos internos em ouro, que confere ao homem o poder de transformação da natureza. Tanto para os gnósticos quanto para os alquimistas a psique era a fonte principal de conhecimento.

Glauco realizou uma aventura iniciática, a entrada para dentro de si mesmo, com a finalidade de se assegurar da sabedoria secreta, do conhecimento de que a totalidade está no interior de cada um dos adeptos. O novo deus marinho pode ser definido como aquele que sai da condição histórica, abandona o devir humano para fazer o caminho de volta, a reconciliação com o inconsciente, com a totalidade cósmica. Glauco realiza o retorno, o caminho de volta para casa, a reintegração ao Centro, à origem, a fonte da divindade.

O pensamento hermético concebe que a Totalidade é tanto o início quanto o encerramento de um processo, e isto constitui o segredo hermético, o que Jung e a psicologia junguiana, mais tarde, chamarão de individuação. "O *Unum* que os alquimistas procuravam atingir corresponde à *res simplex*, que o *Liber Quartorum* designa por Deus."[10] A filosofia neoplatônica diz que tudo emana do Uno e que tudo retorna ao Uno. O retorno é sempre considerado o símbolo da fase final de um processo iniciático. Da mesma forma, nas concepções esotéricas do islamismo, o retorno às origens, à fonte, significa passar das aparências à realidade, da forma à essência. Segundo o Corão, a Criação produzida por Deus retorna a Ele. Assim, para as concepções religiosas que admitem a transcendência do espírito, a morte é apenas uma passagem, um retorno à fonte divina.

O filho de Posídon morre para a vida profana, para renascer para a vida sagrada e espiritual. A morte é aqui vista como uma mudança de estado, como uma transformação simbólica. O estado de *nigredo* (negrura) e de *mortificatio* (morte) corresponde a essa transformação e era considerado pelos alquimistas como uma parte importante da Obra, pois era o estado prévio, antes da restauração da luz e do novo nascimento. A *mortificatio* significa também a superação do estado anterior ou precedente.

A morte de Glauco como homem e o seu renascimento como peixe e deus podem ser considerados simbolicamente como uma iniciação, um nascer novamente, o começo de uma nova existência espiritual, o que corresponde à regeneração, quando a história anterior foi abolida. "Buda ensinava a via e os meios de morrer para a condição profana — quer dizer, para a escravatura e a ignorância — para renascer em liberdade, em beatitude e no incondicionalismo do Nirvana."[11] Glauco passa por um processo iniciático que o leva ao encontro com a sua verdadeira essência, com as origens do seu ser.

Os ritos de iniciação das religiões de mistérios como a de Elêusis continham cerimônias que celebravam a transformação do adepto através da morte e do renascimento espiritual. É necessário morrer para alguma coisa a fim de poder renascer para outra. A morte é considerada, nestes rituais, como a suprema iniciação, como a perda da ignorância e a aquisição do conhecimento. Como diz Eliade: "A morte iniciática é, pois, um recomeço, nunca um fim. Em cada rito ou mito, não encontramos a morte iniciática unicamente enquanto finalidade, mas como condição *sine qua non* de uma passagem para um outro modo de ser, prova indispensável para se regenerar, isto é, para começar uma vida nova."[12]

A entrada para dentro de si mesmo corresponde à imersão, ao banho ritual. Este tipo de imersão é regenerador, porque opera a transformação e o renascimento. A imersão na água tanto pode corresponder a um processo regressivo, de desejo de volta ao útero materno, de retorno à mãe, à matriz, quanto corresponder a um processo de iniciação, de autoconhecimento, renascimento, busca da totalidade. A imersão adquire valor iniciático, regenerativo e purificador principalmente quando esta imersão é voluntária e consciente, estando o adepto ciente do seu significado — de quebra do estado ou condição de vida anterior para entrar numa outra fase evolutiva. Nesse caso, a imersão pressupõe sempre uma emersão posterior, porque a imersão simboliza o regresso ao pré-formal, uma dissolução das formas atuais, e a emersão das águas corresponde a uma manifestação cosmogônica formal, a um novo nascimento.

Entre todos os povos e nas mais diferentes culturas o banho é considerado uma imersão ritual voluntária e visto como possuindo virtudes purificadoras e regeneradoras. A purificação pela água simboliza a restituição da pureza das origens, o retorno às fontes da vida. A alquimia representa o banho do rei e da rainha na fonte mercurial, em inúmeras variações.

Entre os gregos, as estátuas dos deuses e deusas eram ritualmente mergulhadas em banhos purificadores. O "banho" de Afrodite era muito conhecido em Pafos. A imersão do crucifixo ou da imagem da Virgem Maria e dos santos, para conjurar a seca e obter a chuva, pratica-se no catolicismo desde o século XIII, continuando, não obstante a resistência eclesiástica, até os séculos XIX e XX.[13] O banho ritual de imersão era amplamente praticado pelos druidas, pelos judeus e pelos essênios. O banho marca os grandes momentos de passagem e de mudança, como o nascimento, a morte e as mudanças de estado. Na Idade Média, os cavaleiros tomavam um banho antes de serem sagrados cavaleiros.

O costume do banho ritual, que depois tomou a forma do batismo, foi amplamente usado pelo cristianismo para designar os dois atos simbólicos, a imersão e a emersão. A imersão significa o mergulho simbólico com a finalidade de eliminar o ser anterior através da purificação, da regeneração na água e o retorno ao centro, às fontes de origem da vida. E a emersão corresponde à revelação e à aparição do novo ser regenerado e purificado. "O homem velho morre por imersão na água, e dá origem a um ser novo regenerado."[14] No cristianismo, o batismo se tornou o instrumento principal de regeneração espiritual, pois é pelo batismo que o homem recupera a semelhança com Deus.

O batismo praticado por São João procurava não a cura das enfermidades do corpo, mas a cura do espírito, a regeneração espiritual. Correspondia, assim, à morte e à ressurreição de um novo ser. As pias batismais têm freqüentemente uma base de forma octogonal. A forma octogonal simboliza a ressurreição e evoca a vida eterna que se atinge imergindo e emergindo o iniciado na pia batismal. A água batismal é o elemento que possibilita o nascimento do novo ser. Glauco mergulha nas águas e delas sai sem se dissolver totalmente, salvo por uma morte simbólica; assim, retorna às origens, carrega-se de novo num imenso reservatório de energia divina e nela obtém uma força nova.

Glauco batiza-se a si mesmo, realiza a sua regeneração mergulhando no mar cuja água salgada tem uma propriedade batismal, pois o grão de sal misturado e dissolvido na água é um símbolo da reabsorção do eu. O batismo é simbolicamente um ritual de limpeza que deixa o adepto livre para passar por uma espécie de morte e de regeneração. Os alquimistas também chamavam de batismo ao seu processo de transformação. A imersão no mar corresponde ao dissolver (a *solutio*) e significa uma espécie de travessia noturna do mar, uma descida ao inconsciente. Para Santo Agostinho, o Mar Vermelho tem o significado da água batismal, santificadora e transformadora, avermelhada pelo sangue de Cristo que lava as faltas.

O "Mar Vermelho" corresponde simbolicamente à "água pôntica" dos alquimistas, de onde é extraída a tintura para o processo de transformação.[15] O termo Mar Vermelho era usado pelos alquimistas como sinônimo de *aqua permanens*, o solvente universal, a forma líquida da Pedra Filosofal. Sua cor vermelha era associada ao sangue de Cristo, que tem um poder purificador.

Assim, o Mar Vermelho possuía todos estes significados referentes ao processo alquímico de transformação; significava tanto o início do processo, a *prima materia*, quanto a finalidade da *opus*. Para Jung, o Mar Vermelho tem o significado de água batismal, santificadora e transformante, correspondendo à "aqua pôntica" dos alquimistas. "O Mar Vermelho significa a água da morte para aqueles que são inconscientes, enquanto para aqueles que são conscientes é a água batismal da regeneração e do 'passar para o além'."[16] A passagem pelo Mar Vermelho também foi relacionada ao batismo por Paulo.

Na alquimia, o sal e a água do mar se revestem de um sentido de eternidade, são sinônimos da *aqua permanens*. O *Rosarium Philosophorum* diz que todo o segredo se apóia no sal comum preparado. Na alquimia de cunho mais filosófico, foi atribuída ao sal a qualidade de um princípio cósmico. Mais tarde, para alguns alquimistas, o sal aparece identificado como a substância do arcano. E como escreve Jung: "Por ser o sal a substância do arcano, é identificado por certos sinônimos do arcano."[17] O sal significa a dissolução do velho e a regeneração da nova vida. O seu simbolismo se liga às transformações psíquicas e espirituais e corresponde ao *albedo* alquímico, ao espírito e à luminosidade dos corpos. O sal é o "Centrum concentratum elementorum" (centro concentrado dos elementos).

Na cerimônia do batismo, o sal é considerado o alimento espiritual, isto é, a sabedoria. Cristo foi comparado ao sal da terra, como a personificação da compreensão superior, do entendimento e da sabedoria divina. O sal é também usado no batismo como símbolo da incorruptibilidade da aliança do novo adepto com Deus. Ao sal é atribuída tanto uma ação purificadora quanto uma ação restauradora e protetora. Os poderes purificadores da água se combinam aos do sal para reforçar o simbolismo da regeneração. Quando voltou do reino dos mortos, Izanagi purificou-se na água salgada do mar. Entre muitos povos é costume conservar dentro das casas uma vasilha com sal para purificar e proteger das forças negativas.

Depois de batizado na água do mar, Posídon e Tétis despojaram o filho das vestes de sua vida profana e histórica, do que tinha de mortal, e o admitiram como um deus marinho. O desnudamento é para os gnósticos o símbolo do ideal a ser atingido. Trata-se então de uma nudez da alma que rejeita o corpo como a vestimenta que aprisiona e impede que a alma encontre a sua fonte original divina. A nudez simboliza a obtenção do conhecimento puro, que está além das aparências. Na tradição bíblica, a nudez é considerada símbolo de um estado em que tudo está manifesto. A nudez batismal contém um significado ritual, representando o abandono das antigas atitudes ou vestimentas em favor de uma atitude mais verdadeira, de um novo nascimento.

A própria água é, como diz Bachelard, um chamamento para a nudez, mas para a nudez como sinônimo de pureza, despojamento, abandono de atitudes antigas. Assim, despojado de suas vestes profanas, livre de todos os condicionamentos e apelos mundanos, Glauco encontra a sua própria essência na unidade e na totalidade. O simbolismo da nudez é equivalente à conquista da integridade e da plenitude.

Glauco realiza a sua descida e ascensão espiritual e se torna Peixe, aquele que possui a cor azul-clara do mar, a cor da alma vital e da sabedoria espiritual. O azul é a mais transparente e imaterial das cores, portanto é também considerada como a mais espiritual. Os deuses e reis egípcios usavam barba e peruca azul. Shiva e Krishna são representados geralmente em azul. No budismo tibetano o azul é a cor da Sabedoria transcendente. A décima segunda lâmina do Tarô apresenta o enforcado como tendo cabelos e chinelos azuis. Kandinski disse que o azul é "a um só tempo movimento de afastamento do homem e movimento dirigido unicamente para seu próprio centro que, no entanto, atrai o homem para o infinito e desperta-lhe um desejo de pureza e uma sede de sobrenatural".[18]

Os alquimistas descreviam a conclusão da Obra com a gestação do "filius philosophorum" ou "lápis", que muitas vezes era descrito como um cão que possuía a cor azul: "Kalid diz que o filhote do cão é 'coloris coeli' (da cor do céu)."[19] O azul-marinho é a cor da busca de aprofundamento da alma e do mergulho nas profundezas misteriosas do mar.

O azul é tanto a cor do céu quanto da imensidão da água, representando a cor do divino, do Self, da verdade, da pureza e da fidelidade e a realização do objetivo final da Obra, que é a conjunção dos opostos. Como diz Bachelard, "a água assume o céu".[20] A água é a origem e o final. Glauco mergulha e retorna à sua origem divina, torna-se aquele que adquiriu a cor azul-clara do mar.

CAPÍTULO 6

Os Deuses-Rios: Aquelôo, Escamandro, Céfiso

"Não atravessem teus pés as magníficas correntes dos rios eternos; antes, com os olhos cravados em seu curso, faze uma prece e lava tuas mãos nas águas frescas e límpidas. Quem atravessa um rio antes de purificar as mãos e lavar a consciência atrai sobre si a cólera dos deuses, que, em seguida, o castigarão."

(Hesíodo, *Trabalhos*, 737-741)

Os rios são filhos de Oceano e de Tétis. Hesíodo conta três mil. Entre todos os povos antigos eles mereciam honras de divindades: tinham seus templos, seus altares e suas oferendas de sacrifícios. Os animais que se lhes imolavam eram o cavalo e o touro.

Suas nascentes eram consideradas sagradas, pois acreditava-se que aí, numa gruta profunda, onde nenhum mortal ousava penetrar sem uma permissão especial ou um favor divino, os rios, divindades verdadeiras, tinham os seus palácios misteriosos. Nos seus palácios os deuses-rios, cercados de uma multidão de ninfas, vigiavam e governavam os cursos de água.

Virgílio, no quarto livro das *Geórgicas*, reuniu em uma só gruta, na nascente do Peneu, na Grécia, todos os rios existentes na terra. Deste ponto eles nasciam com grande ruído e partiam em várias direções por canais subterrâneos, e atingiam as várias regiões do mundo, trazendo vida e fecundidade.

Os rios são representados geralmente como velhos respeitáveis, com uma barba espessa, a cabeleira longa e coroa de junco na cabeça. Deitados sobre os caniços, aparecem apoiados sobre uma urna da qual sai a água que forma o curso ao qual presidem.

Outras vezes, são representados sob a forma de touros, ou simplesmente com chifres. Os rios de curso sinuoso são representados sob a forma de serpentes. E algumas ribeiras que não desaguam diretamente no mar são representadas como uma mulher, um homem jovem ou uma criança.

Aquelôo: O dos turbilhões de prata

Rio que percorria as terras da Etólia e da Acarmânia, era o mais célebre e o mais adorado de toda a Grécia. Era também considerado o mais antigo, pois era o mais velho dos três mil filhos de Oceano e de Tétis. Dizia-se que nas suas margens se estabeleceram e viveram os homens primitivos. Era freqüentemente representado, na parte inferior do seu corpo, como um peixe serpentiforme; o dorso possuía forma de homem, mas a cabeça tinha chifres. Possuía ainda o dom da metamorfose.

Aquelôo tinha a capacidade de gerar mares e rios, nascentes e fontes, da mesma forma que seu pai. Homero coloca-o acima de Oceano, denominando-o "a origem de tudo". O deus-rio teve muitos casos de amor e desses relacionamentos nasceram várias fontes, como Pirene em Corinto, Castália em Delfos, Dirce em Tebas. Conta-se que com Melpômene foi pai das Sereias.

Mas existe outra versão que o liga ao ciclo de Héracles e que diz que as Sereias nasceram do sangue derramado quando o herói grego quebrou o seu chifre. Segundo esta versão, Aquelôo era vizinho de Eneu, rei de Cálidon, que possuía uma filha chamada Dejanira, pela qual o deus-rio se apaixonou. Mas esta preferiu Héracles, que também a queria para esposa. Inconformado e revoltado, o filho de Oceano travou uma luta terrível com o herói. Usando de seus poderes, Aquelôo transformou-se em um touro, mas Héracles quebrou-lhe um dos chifres. O deus-rio deu-se por vencido e cedeu ao herói o direito sobre a filha de Eneu, mas pediu o chifre de volta. Foi-lhe então oferecido o corno da cabra Amaltéia, que despejava em abundância flores e frutos.

Aquelôo possuía um caráter violento e vingativo. Certa vez, cinco ninfas, filhas de Équino, tendo sacrificado dez touros, convidaram para a festa todas as divindades campestres e esqueceram de convidar Aquelôo. O deus, ofendido com este esquecimento, fez com que as águas crescessem e transbordassem, arrastando para o mar as cinco ninfas e o local onde a festa se realizava. Posídon, comovido com a sorte delas, transformou as ninfas em ilhas, as Esquínades.

Escamandro: O ondulante

O rio Escamandro fica perto da antiga cidade de Tróia, nasce no monte Ida e desemboca no mar, perto do promontório de Sibeu. Era venerado em Tróia e as moças troianas, às vésperas do casamento, iam render-lhe homenagem e banhar-se nas suas águas.

Escamandro é considerado o mais importante deus-rio das terras troianas. Seu epíteto de Xanto, "louro, avermelhado", se deve à cor de suas águas, ou, segundo uma variante, ao fato de as mesmas tingirem de vermelho o velo das ovelhas que nelas se banhavam. Conta ainda uma tradição que Afrodite, antes de submeter-se ao julgamento de Páris, mergulhou seus cabelos no rio para dar-lhes reflexos dourados. Pois se dizia que as suas águas tinham a propriedade de tornar louros os cabelos das mulheres.

Outra versão popular atribui a sua origem a Héracles. O herói grego, estando em Tróia, teve sede e pediu a seu pai que lhe indicasse uma fonte. Zeus, para atender ao pedido do filho, fez brotar da terra uma pequena corrente, mas o herói achou-a insuficiente para aplacar a sua sede e, por isso, cavou ele mesmo a terra e encontrou um lençol de água que se chamou a fonte de Escamandro.

Na *Ilíada* (XXI, 136), Homero diz que Escamandro estava farto de receber tantos cadáveres em suas águas e assim, irritado, travou uma luta com Aquiles. Provocou o transbordamento das suas águas e ameaçou afogar o herói. Foi graças à intervenção de Hefesto que o desastre não foi maior. Este, com o seu sopro ígneo, fez o rio voltar ao seu leito original. Homero, que conhecia o culto dos rios, diz que os troianos sacrificavam animais ao Escamandro e lançavam cavalos em suas águas.

Céfiso: O pai de Narciso

O Céfiso passa ao norte de Atenas e vai desaguar no porto de Falero. Este rio era também considerado um deus-rio. Os habitantes da cidade de Óropos, que fazia fronteira com a Beócia e a Ática, consagraram-lhe uma parte do altar que ele dividia com Aquelôo, com as ninfas e com Pã. Via-se à sua margem uma figueira selvagem, onde Hades teria descido para baixo da terra depois do rapto de Perséfone. Foi também às suas margens que Teseu matou Procusto.

Mas Céfiso ficou famoso por ser o pai de Narciso, que nasceu da sua união com a ninfa Liríope. Ovídio, em suas *Metamorfoses*, conta que Narciso é fruto da união forçada do deus-rio Céfiso com a ninfa Liríope.

Os rios são filhos de Oceano e Tétis. Simbolicamente, são emanações da totalidade Pai-Mãe original. Eles se originaram do ponto central, a manifestação visível do Uno, de onde tudo vem e para onde tudo retorna. As águas dos rios sempre têm a sua origem e retorno no Princípio universal e único. O rio Escamandro nascia no alto do monte Ida e desembocava no mar, representando assim o conhecimento transmitido por todas as religiões: tudo vem de Deus e para este tudo retorna. Os filósofos neoplatônicos concebiam a vida como uma emanação do Uno e o retorno ao Uno.

Nas tradições populares, muitas vezes os rios são tidos como provenientes da micção de um gigante, como o gigante Gargântua, que fertilizou os campos da França. Esta concepção contém a idéia de que a vida se origina de um grande demiurgo criador. E, por sua vez, a imagem do demiurgo simboliza o Self, como o Centro de onde tudo se origina e para onde tudo retorna. As águas dos rios sempre retornam ao Oceano, ao Nirvana, à Nascente divina, ao Princípio.

Virgílio diz que os rios nasciam de uma única gruta, na nascente do Peneu. Deste ponto central, por canais subterrâneos, eles partiam em várias direções e atingiam as várias regiões do mundo, trazendo vida e fecundidade. Cada rio seria a manifestação multiplicada do poder fertilizador divino e das infinitas possibilidades formais do Self, que correm por canais inconscientes e que podem vir a ser atualizadas na consciência.

Muito próximos da origem do mundo, por serem filhos de Oceano, a "Água Virtual", os rios participam da construção do mundo, trazendo a fertilidade do Self para irrigar a terra, a consciência, tornando-a criativa. "A sua vida é talvez menos divina do que a dos outros deuses, mas ela é mais igual e mais solidária com o elemento primordial que representam."[1]

Dizia-se que nas margens do rio Aquelôo se estabeleceram e viveram os primeiros homens. Este deus-rio tinha a capacidade de gerar mares, rios e nascentes da mesma forma que seu pai. Homero chega mesmo a colocá-lo acima de Oceano, denominando-o "a origem de tudo". Céfiso é o pai de Narciso, o personagem que representa exatamente a passagem de uma condição indiferenciada do eu e da consciência para o estágio de diferenciação e discriminação do eu e do outro.

A mitologia do rio Escamandro revela a sua ligação simbólica com a origem cosmogônica. A cor avermelhada de suas águas o coloca como um símbolo da força vital, pois o vermelho é tanto a cor do fogo quanto a cor do sangue. O tom vermelho das águas de Escamandro evoca o calor, a intensidade, a ação, a paixão e a tendência expansiva, e estas são as principais características deste deus-rio. Mas o vermelho é tanto orgiástico quanto liberador de energia espiritual. E, de acordo com o xintoísmo, o vermelho designa a expansão e a harmonia. Portanto, esta cor se refere tanto à emergência da pulsão de vida quanto ao impulso espiritual, ao despertar da força vital e à sua harmonização e espiritualização.

Os rios podem ser imaginados, poeticamente, como o sangue da terra, como a seiva que, percorrendo o seu corpo, mantém a sua vitalidade, impedindo que a terra se resseque e não frutifique. Mais do que o mar, os rios estão diretamente ligados à idéia de fertilidade do solo, porque são eles que umidificam diretamente a terra. São as correntes cósmicas que mantêm a vitalidade da terra, assim como são também as correntes psíquicas internas que mantêm a vitalidade da consciência.

O epíteto de Xanto, "louro, avermelhado", indica que as suas águas, a sua substância, estão ligadas ao cobre, e este metal, por sua vez, representa tanto o elemento água, como princípio vital, quanto o elemento alquímico, o cobre como princípio espiritual transformador. O Xánthosis (amarelo) e o Lôsis (vermelho) constituem as cores que os ingredientes adquirem nas duas últimas fases alquímicas por que passa a matéria.

A cor acobreada de Escamandro também representa a água como elemento primordial de todas as coisas e o cobre como a luz espiritual que se irradia na água, a palavra ou esperma fecundante, as águas vermelhas que trazem a centelha divina. O cobre e o ouro são os metais que estão associados à serpente mítica, ao início e ao fim de um processo. A cor de Escamandro indica o aspecto lunar e solar do rio, o seu aspecto ctônico e o celeste, a conjunção da água com o fogo criador, da matéria com o espírito. A água do rio é a matéria que traz em si a luz espiritual; ela, como o cobre, é um canal condutor para a realização da essência divina.

O deus-rio Aquelôo era denominado "o dos turbilhões de prata". A prata é a cor da sua água, como também é a cor da

Lua; assim, ele mostra a sua ligação ao princípio feminino lunar, à ancestral fertilidade feminina. Este deus-rio traz em sua essência as qualidades da prata: o branco e o brilho, que significam a luz da pureza e da dignidade. Aquelôo, o dos turbilhões de prata, representa a pureza e retidão de suas intenções, a ética e a fidelidade a seu princípio arquetípico fertilizador da vida e da consciência. Por isso, este deus fica irado quando é esquecido pelas ninfas, filhas de Équino, pois deixou de ser reconhecido na sua qualidade essencial, como um deus ligado à fertilidade.

A cor branca e brilhante é, além do mais, a cor característica dos rios do mundo superior, enquanto a cor preta e escura é a cor dos rios do mundo inferior. Os rios superiores representam o início, a aurora da nova vida, o nascimento do novo dia, e a sua cor branca, o símbolo da consciência diurna. A cor branca de Aquelôo reforça o simbolismo do rio como elemento ligado aos processos de passagem através dos quais se operam as transformações, e ao nascimento da nova vida. A cor branca é tanto uma cor iniciática, usada pelos neófitos nos ritos de passagem, quanto a cor da revelação da manifestação de Deus; e a vida é a sua teofania.

Os rios parecem possuir uma personalidade própria, uma individualidade. Por isso, além de o rio ter um deus que zelava por ele, ele mesmo era um deus, podendo adquirir a aparência que desejasse, casar com ninfas e mortais e gerar filhos. Aquelôo era o mais conhecido de todos e considerado o deus-rio mais importante e mais venerado de toda a Grécia. Escamandro era tido como o mais importante deus-rio de Tróia. Céfiso era também considerado um deus-rio que teve um importante papel no mito de Narciso; havia também muitos outros deuses-rios da Grécia.

Aos rios eram atribuídas várias formas animais, mas eram mais freqüentemente relacionados com as serpentes. A serpente tanto pode representar o conhecimento mais profundo do inconsciente quanto a emergência do conhecimento na consciência. O fato de os rios possuírem uma forma serpentina os liga simbolicamente à Uroboro, a serpente primordial, ao princípio e origem de todas as coisas, à totalidade primária.

Aquelôo era descrito como possuindo um corpo serpentiforme e tronco de homem, além de chifres. Escamandro era chamado de o "ondulante" por possuir uma forma também serpentina. A sua cor avermelhada associada à sua forma de serpente o liga simbolicamente às serpentes de fogo, consideradas no Egito os mensageiros ígneos, os deuses-serpentes. Através de sua forma de serpente, os rios representam a Uroboro, a totalidade primordial, que dá origem a todas as coisas, que é tanto o início quanto o fim. E, mais especificamente, os rios representam o lado paternal da Uroboro, o impulso fertilizador masculino que é, ao mesmo tempo, instintivo e espiritual.

O touro, por outro lado, sempre lembra a idéia de força e arrebatamento, o aspecto impetuoso do masculino, cujo sêmen abundante traz a fertilidade para a terra. O touro é um dos animais oferecidos em sacrifício a Posídon e aos deuses-rios. Ele evoca na sua agressividade o Minotauro e o feroz Rudra do *Rig Veda*, que ruge e está associado ao rio por ser também o símbolo da força criadora masculina. Na maior parte das culturas paleo-orientais, o poder era simbolizado principalmente pelo touro. Entre os fenícios, o deus El é designado por touro e seu próprio nome quer dizer "touro poderoso". Zeus tomou a forma de touro quando raptou Europa, se uniu a Antílope e tentou violar Deméter.

Os chifres do touro são o emblema simbólico do poder, do vigor criador, da força vital, da criação periódica, da vida inesgotável e da fecundidade. Partir ou perder os chifres equivale a perder o poder. Por isso, quando Héracles quebrou um dos chifres do deus Aquelôo, este perdeu grande parte de sua força e se deu por vencido, cedendo então o direito à mão de Dejanira, mas exigiu do herói o seu chifre de volta. Ter o chifre de volta significa a reapropriação de sua força. Foi-lhe então oferecido o corno da cabra Almatéia, que jorrava em abundância flores e frutos.

O chifre não representa somente a potência divina fálica geradora pela sua forma e por sua função natural, mas é também a imagem de uma arma poderosa. O deus Agni possui chifres indestrutíveis que foram aguçados pelo próprio Brahma; assim, todo chifre termina assumindo o significado de potência agressiva, na maior parte das vezes do bem contra o mal.

À força e ao poder dos chifres se conjugam também as qualidades de agressividade, violência e arrebatamento, atribuídas a muitas divindades marinhas e, por extensão simbólica, aos rios. A cólera das águas é um tema bastante usado literariamente, como o das águas calmas que são acometidas repentinamente de fúria, rosnando e rugindo. A força da água geralmente é relacionada à força dos animais, como o leão, o touro, o cavalo, etc., representando, portanto, a força da natureza que muitas vezes se revolta para retomar o equilíbrio que foi rompido.

Tanto o rio quanto o touro estão ligados à alternância cíclica da vida e da morte, como processos naturais compensatórios de equilíbrio e de evolução. Portanto, o que aparentemente pode ser visto como destrutividade faz parte de um processo evolutivo perfeitamente natural. No Egito, o touro que traz entre os chifres um disco solar é ao mesmo tempo um símbolo de fecundidade, de crescimento, de vida, e uma divindade funerária ligada a Osíris, à morte. A morte e a vida pertencem a esta alternância que permite a renovação e o desenvolvimento.

No mito de Narciso, a agressividade de Céfiso significa o forte impulso de vida em direção à diferenciação, à saída da totalidade primordial. Céfiso representa pois o impulso incontido para a formação da consciência que fecunda e ilumina o inconsciente. Ovídio conta que Narciso é o fruto da união forçada do deus-rio Céfiso com a ninfa Liríope. A violência de Céfiso representa o impulso paternal da Uroboro, que tanto contém a pulsão de vida quanto a pulsão de morte, tanto pode gerar quanto pode destruir.

Dizia-se que Aquelôo, como todo rio, também podia assumir um caráter violento e vingativo. Certa vez, cinco ninfas, filhas de Équino, sacrificaram dez touros, convidaram para a festa todas as divindades campestres e esqueceram de convidar Aquelôo. O deus, ofendido com este esquecimento, fez com que suas águas transbordassem, arrastando para o mar as cinco ninfas e o local onde a festa se realizava. Esta agressividade e impetuosidade tem outro significado além do já examinado. A violência de Aquelôo representa a força com que se impõe a potência masculina, que não pode ser alijada da consciência.

Como o mar, os rios sugerem sempre a imagem de fluidez e de movimento. Assim, são também um símbolo adequado para expressar as possibilidades de mutação das formas e de sua permanente renovação. Heráclito, expressando esta percepção, disse: "Para os que entram nos mesmos rios correm outras e novas águas."[2] Platão também disse, de outra forma, que não conseguiríamos entrar duas vezes no mesmo rio. A fluidez das águas do rio, como as águas do mar, simboliza o eterno e alternante ciclo evolutivo da vida e da morte.

O movimento da água do rio é o movimento da transitoriedade da própria vida humana. Como hoje nos lembra Bachelard: "Não nos banhamos duas vezes no mesmo rio porque, já em sua profundidade, o ser humano tem o destino da água que corre."[3] A vida humana possui a mesma existência passageira e efêmera que, como a água, escoa-se rapidamente. E, como diz Pierre Reverdy: "O drama universal e o drama humano tendem a igualar-se."[4] Porque o homem e a natureza fazem parte do mesmo princípio e ritmo cósmico e estão submetidos às mesmas leis divinas.

O rio é tanto a fonte da vida como o lugar da morte, o ponto onde se dá o retorno à indiferenciação, à totalidade, ao Nirvana. A água, como diz Bachelard, é "um convite à morte".[5] É através do rio, em sua barca de morte, que Caronte carrega as almas dos mortos. Assim, a água do rio sempre impõe um devir, uma passagem, um nascimento ou uma morte. As suas águas tanto são águas da vida como águas da morte, águas da alegria como águas da tristeza. Segundo Eliade: "O contato com a água implica sempre a regeneração; por um lado, porque à dissolução se segue um novo nascimento; por outro lado, porque a imersão fertiliza e aumenta o potencial da vida e da criação. A água confere um novo nascimento por um ritual iniciático, ela cura por um ritual mágico, ela assegura o renascimento *post mortem* por rituais funerários..."[6]

A água do rio representa as duas pulsões atuantes na vida: a de Eros e a de Thanatos, as forças construtivas e destrutivas presentes em tudo. O rio é tanto a substância da vida quanto a substância da morte. Na concepção cósmica chinesa, o rio representa as duas grandes polaridades da vida, o Yang e o Yin. E os ritmos da vida harmoniosa dependem da circulação alternante dos dois princípios opostos e complementares.

Quando este ciclo cósmico é bloqueado, ocorre a desarmonia, a descompensação e, muitas vezes, as catástrofes. Homero, na *Ilíada*, diz que Escamandro estava farto de receber tantos cadáveres em suas águas e assim, irritado, travou uma luta com Aquiles e provocou o transbordamento de suas águas. A predominância do impulso de morte provoca no rio uma reação compensatória. A exacerbação de uma polaridade provoca sempre uma reação que leva à busca do equilíbrio. Foi Hefesto com seu sopro ígneo que fez o rio voltar ao seu leito original, restabelecendo o equilíbrio.

O rio é o elemento que mais se traduz como símbolo do portador da vida e da morte porque ele de uma forma explícita anuncia esta função: pode trazer a fertilidade ou a destrutividade. Na Índia, as doenças são sempre atribuídas às águas. Por outro lado, a água do rio representa o poder fálico masculino criador e regenerador, tendo em si mesma um caráter seminal precioso, uma qualidade vegetante que dá origem à vida.

O inconsciente personificado no rio, como o impulso criador, manifesta-se na consciência como o influxo fertilizante masculino que cria a vida. Os rios são vistos como agentes fertilizadores divinos, daí serem apresentados simbolicamente, muitas vezes, com um caráter de sexualidade exacerbada. "Céfiso representa o conteúdo do inconsciente, poderoso, forte e rico de potencialidades criativas. É uma água que se expressa de forma abrupta, violenta e forte, de onde se deduz que é uma água masculina. A água, como expressão do feminino, seria tranqüila, passiva, plácida e profunda."[7]

Por outro lado, revelando a ambigüidade que lhe é própria, a água do rio pode, no seu aspecto de morte, representar a polaridade feminina como contenedora da morte. A água do rio com o seu frio abraço representa o regaço materno e "a mais maternal das mortes"[8]. E, ainda segundo Bachelard: "A água que é a pátria das ninfas vivas é também a pátria das ninfas mortas. É a verdadeira matéria da morte bem feminina."[9] Pelo fato de possuir uma qualidade dissolvente, a água ajuda a transformação pela morte, pois toda imersão também corresponde a uma dissolução de tudo que é formal.

As margens dos rios sugerem sempre dois mundos planos ou estados que são opostos entre si e, no entanto, também estão unidos. O mundo do ser e o mundo do não-ser, o mundo dos sentidos e dos não-sentidos, o mundo condicionado e o mundo não-condicionado, do conhecido e do desconhecido. A margem oposta, o outro lado, sempre representa o estado que existe para além do ser e do não-ser. Assim, o rio sugere a idéia de ligação íntima e indissolúvel entre as polaridades, entre uma margem e outra. As suas margens sempre permanecem unidas e separadas ao mesmo tempo, correndo paralelamente, como a vida corre paralela à morte.

Este poder de ligar uma coisa a outra e mesmo ao seu extremo, ou contrário, é uma característica da água em geral e, mais particularmente, da água do rio. O rio busca fazer ligações pela comunhão de vínculos íntimos entre os elementos. Ele liga o céu à terra e o mundo superior ao mundo inferior, pela circulação de suas águas. A tradição judaica fala de um rio do Alto, um rio do mundo de cima que é o rio sagrado, das graças e das influências celestes. Esse rio estabelece uma ligação com a terra, pois ele vem do alto, desce verticalmente e suas águas expandem-se a partir de um centro em direção aos quatro pontos cardeais, até chegar à extremidade do mundo, constituindo os quatro rios do Paraíso terrestre. Entre os indus, o Ganges é o rio que flui da cabeleira de Shiva e percorre o céu, a terra e o mundo subterrâneo.

O rio Céfiso expressa esta qualidade de ligar tão particularmente atribuída aos rios. Ele busca de uma forma impulsiva ligar-se a Liríope. "Existe em Céfiso um desejo de conjunção que faz parte de sua natureza. A água como componente de Céfiso possui em si esta característica de ligação."[10] Como toda água, a água do rio tem o poder de ligar e de desligar, unir e separar. O rio une as polaridades opostas, o céu e a terra, fazendo a circulação da energia entre os dois pólos. Mas também separa pela dissolução e pela dispersão, afastando, levando para longe o que antes estava unido.

O rio é sempre o meio de passagem para o outro lado, para o outro mundo, a ponte para o desconhecido. Os movimentos de passagem e de transformação de um estado a outro são simbolizados pela travessia de suas margens e, por isso, envolvem sempre ritos de sacrifício ou consagrações. A travessia dos rios equivalia simbolicamente a uma passagem iniciática. Nas tradições religiosas antigas, era nas margens dos rios que se realizavam os rituais que marcavam uma passagem ou iniciação. Por isso mesmo, as margens dos rios estão simbolicamente associadas aos processos iniciáticos.

Foi às margens do rio Céfiso, onde havia uma figueira selvagem, que se dizia que Hades descera para debaixo da terra depois do rapto de Perséfone. "Sobre as margens do rio Pamisa os reis de Messênia faziam solenes sacrifícios na primavera e, cercados pela fina flor da nação, a mocidade, imploravam o socorro do rio, em prol da independência da pátria. Na mesma época, todos os anos, a juventude da Élida e da Messênia vinha às margens do Neda, e tanto as moças como os rapazes sacrificavam a cabeleira à divindade que presidia a este pequeno ribeiro."[11] Em Tróia, as moças, às vésperas de casar-se, rendiam homenagem a Escamandro e banhavam-se nas suas águas. Foi às margens do rio Estrímon que Orfeu chorou Eurídice. Na antiga China, por ocasião do equinócio da primavera, os jovens casais realizavam uma travessia ritual do rio, simbolizando a passagem das estações e do yin ao yang.

Como elemento propiciador de passagem, o rio está presente na vida de muitos heróis: Aquelôo estava ligado ao ciclo de Héracles, Céfiso é o pai de Narciso. Ou é nas margens dos rios onde são travadas grandes batalhas: foi às margens do rio Céfiso que Teseu matou Procusto. A travessia dos rios e, em alguns casos, a luta com o deus-rio, é uma das provas iniciáticas que o herói deve enfrentar. Aquiles lutou com Escamandro e Héracles teve que lutar com Aquelôo para disputar a mão de Dejanira. O acesso à nova condição é sempre conferido pela própria divindade que o herói teve que enfrentar. O rio simboliza também o limite, a ultrapassagem do *métron*, a *hybris*, a desmedida que o herói deve cometer para desencadear o seu destino. O herói deve aspirar vencer a sua condição humana de mortal para se tornar espiritualmente imortal.

Devido à atribuição do caráter divino aos rios, estes eram objeto de um culto muito especial na Grécia. Segundo Mircea Eliade: "Homero conhecia o culto dos rios: os troianos sacrificavam animais ao Escamandro e lançavam cavalos vivos nas suas águas. Peleu sacrificou cinqüenta ovelhas às nascentes do Esperqueios. O Escamandro tinha os seus sacerdotes; a Esperqueios eram consagrados um recinto e um altar."[12]

O caráter sagrado do rio se deve, além de tudo isso, ao fato de ele participar do arquétipo da "Água da Vida", a substância mágica e medicinal, o receptáculo de todos os germens; ela dá a vida, cura, rejuvenesce e assegura a vida eterna. Da mesma forma que a "Árvore da Vida", esta água não é acessível diretamente a todos. A sua obtenção implica uma série de provas que aquele que a procura deve vencer. Na Índia, o "rio sem idade" (vijara nadi) encontra-se perto da árvore miraculosa de que fala o *Upanishade*. E, no Apocalipse, os dois símbolos, o da árvore e o da água, encontram-se lado a lado: "Depois, o anjo mostrou-me o rio da Água da Vida, límpida como cristal, que brota do trono de Deus e do Cordeiro. E nas duas margens do rio cresce a Árvore da Vida."[13] O rio é uma das inúmeras manifestações do divino, e o simbolismo de suas águas reflete as possibilidades do arquétipo da "Água Viva".

CAPÍTULO 7

Os Rios do Mundo Inferior

Estige: O gelado ou dos horrores

"Estige, em princípio, é o nome de uma nascente ou fonte da Arcádia, não distante da cidade de Nonácris. As águas desta fonte desciam de um rochedo escarpado e perdiam-se nas entranhas da terra. Tinham propriedades altamente nocivas: envenenavam seres humanos e rebanhos; destruíam ferros, metais e qualquer tipo de cerâmica que nelas se mergulhassem. O único material que resistia a tamanho poder de corrosão era o casco do cavalo. Relata Pausânias que Alexandre Magno se teria envenenado com as águas desta nascente."[1]

O Estige tem águas revoltas que rolam nos mundos dos mortos, no reino de Plutão, e dizia-se que possuía virtudes mágicas. Tétis, querendo imortalizar seu filho Aquiles, segurou-o pelos calcanhares e mergulhou-o nas águas do Estige,

111

que possuíam o dom, entre outros, de tornar invulnerável tudo o que com elas entrasse em contato. O herói tornou-se invulnerável, exceto no local onde a mãe o segurou.

Em seu nome eram feitas muitas promessas. Zeus enviava Íris ao Hades para buscar um jarro de água do Estige para servir de testemunha, quando um deus desejava fazer um juramento solene. Se o deus, em seguida, faltasse ao juramento, era vítima do pior dos castigos; cortavam-lhe a respiração, bem como o néctar e a ambrosia. E ainda mais, o culpado, durante nove anos, ficava afastado do convívio de seus irmãos imortais sem participar de qualquer festividade.

Na *Teogonia*, Estige aparece como um dos braços do rio Oceano, o décimo braço, os outros noves circulavam o globo terrestre.

Aqueronte: O das dores

O Aqueronte, como o Estige, é um dos rios pelos quais passam as almas, na barca de Caronte, até chegar ao Hades. Suas águas são paradas e as margens, cobertas de caniços. Segundo Junito de Souza Brandão: "Só a partir da *Odisséia*, X, 513-515, é que pela primeira vez surge o Aqueronte ao lado do Piriflegetonte e do Cocito."[2] O seu nome em grego exprime a tristeza e a aflição.

Filho de Géia, foi condenado a permanecer para sempre nas entranhas profundas da terra porque, na luta entre os olimpianos e os gigantes, o rio permitiu que estes, sedentos, bebessem de suas águas. De seus amores com Orfene, a "ninfa das trevas", ou segundo outros com Gorgira, a "prisão subterrânea", nasceu Ascálafo, transformado em coruja por Deméter porque denunciara a quebra do jejum de Core, no Hades, após ser raptada por Plutão.

Fala-se também de um outro Aqueronte que nascia na região do Epiro, o Aqueronte epirota, que, após atravessar uma região selvagem e deserta, desaparecia nas entranhas da terra e, quando ressurgia, já perto de sua foz, formava um pântano insalubre. "Associando-lhe o nome, por etimologia popular, à dor em grego, e as peculiaridades de aparecer e de sumir sob a terra e sobretudo a estagnação de suas águas num paul ermo e estéril, o povo o relacionou com o Hades e transferiu para o Aqueronte infernal as características do Aqueronte do Epiro."[3] O Aqueronte representa um tipo de água ligado à dor, ao sofrimento.

Piriflegetonte: O das chamas ardentes

O Piriflegetonte, um afluente do Aqueronte, rolava torrentes de chamas sulfurosas. Atribuíam-lhe as qualidades mais nocivas. O seu curso era bastante longo e, em sentido contrário ao do Cocito, cercava a prisão dos maus. O seu nome é um composto de "fogo", "chama" e do verbo "brilhar", "inflamar"; é, portanto, o rio de chamas ardentes. Ele é também conhecido pela forma reduzida Flegetonte, mais usada pelos poetas latinos.

"Piriflegetonte é um dos rios do Hades e já aparece na *Odisséia*, X, 513, ao lado do Aqueronte, do Cocito e do Estige. Fora do mundo ctônico, Piriflegetonte não possui um mito próprio."[4]

Cocito: O das lamentações

O Cocito, aqui na terra, é um afluente do Aqueronte, mas, no mito, é um dos rios do mundo ctônico. O seu nome, etimologicamente, quer dizer "lançar um grito agudo e dorido".

Nas margens do Cocito infernal, "o rio dos gemidos", as sombras do mortos privados de sepultura eram condenadas a errar durante cem anos antes de comparecer perante o tribunal supremo e de conhecer a sua sorte definitiva. E o rio dos gemidos cercava a região do Tártaro. Conta-se que o seu curso era formado pelas abundantes lágrimas dos maus.

Apresentava nas suas margens teixos, ciprestes e outras árvores de folhagem sombria. Na sua vizinhança havia uma porta colocada sobre um limiar e gonzos de bronze, que era a entrada do Inferno.

Lete: O do esquecimento

Lete, etimologicamente, quer dizer "esquecer". Lete, o Esquecimento, é filha de Éris, a Discórdia, e, consoante uma tradição, foi mãe das Cárites, que traduzem a alegria de viver. Emprestou seu nome a uma fonte, a Fonte do Esquecimento, depois transformada num rio, o Lete situado no mundo ctônico. De suas águas bebiam os mortos para esquecer da vida na terra.

Depois, sobretudo a partir dos órficos e, bem mais tarde, de Platão, as almas que retornavam a esta vida e se revestiam de um novo corpo bebiam das mesmas águas, a fim de não se lembrarem do que viram no mundo das sombras.[5] Dizia-se que depois de um certo número de séculos passados no mundo inferior, as almas dos justos e as almas dos maus que tinham expiado os seus crimes aspiravam a uma nova vida e obtinham o favor de voltar à terra, habitar um novo corpo e associar-se ao seu destino. Mas antes de sair das moradas infernais deviam perder as lembranças da sua vida anterior, e, para consegui-lo, bebiam das águas do rio Lete, o rio do Esquecimento.

Em Lebadia, na Beócia, junto ao oráculo de Trofônio, havia duas fontes de cujas águas bebiam obrigatoriamente os consulentes: a Fonte do Esquecimento e a Fonte da Memória. Eles deveriam esquecer o profano para lembrar o sagrado.

Os rios subterrâneos são, naturalmente, o ponto onde se dá a possibilidade de acesso a uma realidade transcendente, porque estes rios, como todo rio, detêm a qualidade arquetípica de serem lugares de revelação e de passagem. Os rios do mundo inferior se constituem simbolicamente como uma porta para outra realidade, como local de comunicação entre os dois mundos, o conhecido e o desconhecido, como a abertura que conduz do domínio do profano para o domínio do sagrado, e, conseqüentemente, como o acesso para o reino do espírito. Era através do Estige e do Aqueronte que as almas faziam a passagem do mundo dos vivos, dos pequenos mistérios, para o mundo dos mortos, o mundo dos grandes mistérios.

A viagem através dos rios infernais é uma marcha espiritual em direção ao sagrado. É uma peregrinação ou jornada solitária na qual o iniciado descobre outra realidade de nível totalmente diferente. Portanto, esses rios simbolizam a porta, a boca ou goela para o outro mundo, não só porque a boca e a goela são símbolos infernais de acesso para as entranhas escuras, mas porque esses rios permitem a entrada nessa realidade sagrada.

Os rios subterrâneos são o limiar entre o externo e o interno, entre o sagrado e o profano, pois fazem a mediação entre o mundo de cima e o mundo de baixo, entre o celeste e o ctônico. Fazendo a passagem entre o dia e a noite, entre a morte e a vida, constituem-se na boca-porta que permite a entrada e a saída nos processos de iniciação e de transformação. Desta forma, esses rios representam a fronteira do sagrado, fazendo parte do simbolismo de um Centro transcendente.

Os rios do mundo inferior, mais do que os outros rios, são lugares que expressam a idéia de um Centro espiritual para onde convergem os processos de retorno em busca da Unidade. Os rios ctônicos dirigem as suas águas, as suas torrentes de vida, para o Centro primordial de toda a criação, lugar de origem do Ser. Como diz Lao Tsé, no *Tao Te King:*

O retorno é o movimento do Tao.
É pela fraqueza que se manifesta.
Todos os seres provêm do Ser;
O Ser provém do Não-Ser.

Por isso, os rios do mundo inferior são também o ponto de irradiação da energia do não-manifestado para o manifestado, do eterno para o temporal. O Centro é antes de tudo o Princípio e o Fim, o Real absoluto, o lugar de condensação das energias, de concentração e reunificação dos opostos, de convivência da vida com a morte. É o ponto central de manifestação da divindade antes da criação. Estige era conhecido como uma divindade que causava horror. E o horror que esse rio mobilizava era o da morte, o horror do não-Ser. O rio Estige se situava além das fronteiras do Ser, nos domínios da Noite, da privação do Ser.

Se os rios do mundo superior são o Alfa, os rios do mundo inferior são o Ômega. O Alfa e o Ômega simbolizam a totalidade do conhecimento e a totalidade do Ser. Essas duas letras gregas representam o primeiro e o último, o início e o fim, e contêm a chave da gnose do universo. O ponto Ômega significa a direção do processo de individuação para a totalidade, para a dimensão do espírito, o ponto em direção ao qual convergem todas as consciências humanas em seu processo evolutivo. Esses rios simbolizam a Via Úmida da Alquimia.

O teólogo Teilhard de Chardin, em sua teoria da evolução do universo, diz que a espiritualização progressiva dos seres e das consciências tende a constituir uma noosfera. Esta concepção de Chardin corresponde à teoria junguiana de que o processo de individuação, através de um esforço consciente de autoconhecimento e desenvolvimento das potencialidades individuais, leva também ao desenvolvimento da humanidade e da consciência coletiva como um todo e, conseqüentemente, à integração e à participação em um Centro de totalidade que é coletivo.

A descida ao mundo da escuridão traz o significado simbólico de uma entrada no centro anímico interior, nos subterrâneos da alma, no inconsciente, e pressupõe sempre a subida posterior, a ascensão, significando a transformação operada num nível profundo. A descida às câmaras escuras da alma simboliza o processo de dissolução das formas, a volta ao caos, necessário para o surgimento do novo ser. Nas iniciações, esta entrada ou descida era vista como um nascimento ao contrário, onde o iniciado descobre a natureza e o significado da morte. Esta era uma passagem absolutamente necessária para que se tornasse possível fazer o regresso ao estado de totalidade, compreendido como um retorno espiritual à fonte divina, ao Self.

Nas cerimônias de iniciação, não só os rios ctônicos como também os espaços subterrâneos, escuros e profundos sempre foram usados, simbolicamente, como meios, como caminhos propiciatórios que facilitam a descida e a interiorização psíquica, o regresso ao útero. Pois o escuro corresponde à morte, à noite cósmica, onde todas as coisas que existiram desaparecem, se tornam invisíveis, não-manifestadas, para poderem ressurgir, se tornarem visíveis, manifestas com a chegada do novo dia.

Toda iniciação envolve um processo de morte e regenera-

117

ção, por isso exige um espaço escuro, secreto e retirado. Muitos desses rituais de iniciação apresentavam como prova iniciática a entrada em uma floresta escura, a passagem por uma câmara secreta, cubículo subterrâneo, quarto fechado ou mesmo um buraco cavado no chão. O simbolismo de retorno ao útero tem geralmente uma significação cosmológica. A escuridão simboliza o além, o mundo inferior e a Noite Cósmica — o estado embrionário de existência, anterior a qualquer forma. Como, mais uma vez, nos diz o *Tao Te King*:

> *O caminho da luz parece obscuro,*
> *o caminho do progresso parece retrógrado,*
> *o caminho plano parece irregular.*
> *A virtude suprema parece vazia,*
> *A candura suprema parece maculada;*
> *a muita virtude parece insuficiente,*
> *a virtude sólida parece negligente,*
> *a virtude profunda parece flutuante.*

Estes lugares assumem o significado de lugares de morte do velho homem e de renascimento do novo homem. A sala fechada e reservada do espaço terapêutico muitas vezes assume a dimensão simbólica de câmara secreta para alguns analisandos envolvidos e comprometidos com um processo profundo de transformação. Este local fechado também é o útero do novo nascimento. O simbolismo do útero não está só ligado à manifestação da vida biológica, mas também à da regeneração espiritual.

Na alquimia, o adepto, encerrado em um ambiente fechado e escuro, deve morrer e apodrecer para poder renascer. Muitas gravuras alquímicas descrevem esse processo como *putrefactio* (putrefação), a dissolução de uma antiga forma para a geração de uma outra. Os alquimistas viam o espaço fechado como uma matriz e a permanência nesta, como uma condição necessária para a regeneração espiritual. A morte era interpretada por eles como uma passagem para um modo de existência superior e o modelo simbólico de todas as transformações importantes. A concepção alquímica da morte enfatiza a sua função espiritual transformadora.

Os rios do mundo inferior representam não só o aspecto da morte simbólica, do encerramento do eu, mas também o aspecto do renascimento espiritual. A maior parte das iniciações requer a passagem por uma fase de morte antes da entrada na nova vida. A morte é uma mudança profunda e corresponde simbolicamente a uma iniciação. A morte do neófito tem a significação de uma volta temporária a um estado virtual pré-cósmico, uma regressão a um estado fetal e embriônico que precede o momento cosmogônico, anterior ao nascimento do novo ser ou do novo mundo. Morrer, no sentido simbólico, quer dizer recomeçar e é a condição indispensável de passagem para uma outra forma de vida.

Morrer é sempre a condição simbólica para a nova vida, pois a morte mostra a evolução, o luto, a mudança e a transformação dos seres e das coisas. A morte foi sempre vista como uma passagem para um outro modo de existência espiritual superior e foi usada nas mais diversas tradições religiosas e culturais como modelo arquetípico para as grandes transformações que ocorrem na vida do homem. A morte é a grande transição da vida profana para a vida espiritual. Deste modo, a morte traz sempre associada a idéia do renascimento, do novo nascimento. Na maior parte das mitologias e sistemas religiosos, a morte e a vida estão dialeticamente relacionadas. Na tradição mexicana, Quetzalcoatl descansa quatro dias no inferno, antes de renascer no quinto dia.

A morte é a Noite Cósmica que antecede o surgimento do momento da criação, por isso o iniciado deve reviver o momento cosmogônico. Como diz Mircea Eliade: "Um grande número de terapias arcaicas consistia na recitação de mitos cosmogônicos: para curar o paciente, em outras palavras, deve-se levá-lo a nascer novamente, e o modelo arquetípico do nascimento é a cosmogonia. Deve-se abolir o trabalho do Tempo, e restaurar a aurora, o instante antes da criação."[6]

A vida é feita tanto de pequenas e grandes mortes quanto de novos nascimentos. A cada minuto ou a cada dia, morremos um pouco, mas também renascemos. Morremos para alguns aspectos e nascemos para outros. Em todas as partes se encontra o simbolismo da morte como a condição essencial de todo renascimento espiritual, isto é, de regeneração.

A décima terceira lâmina do Tarô simboliza a morte no seu sentido iniciático de transformação, através da imagem de um esqueleto. Esta imagem mostra a necessidade de um desnudamento profundo, do abandono da aparência superficial das coisas e da renúncia aos condicionamentos externos do eu para se poder chegar ao centro essencial do ser, ao Self, ao seu esqueleto. Neste contexto, a morte é a superação do estado profano, da condição insatisfatória do homem natural cego para as coisas do espírito.

No mundo inferior, os rios subterrâneos exercem a função simbólica de agentes de transformação. São eles que dissolvem as antigas formas e todas as aparências para gerar o novo ser espiritual. Estes rios participam do processo iniciático mostrando ao iniciado a verdadeira dimensão da existência, a dimensão sagrada do espírito. O rio Estige era conhecido pelo poder de dissolver qualquer metal, e o rio Lete possuía a função de fazer o morto esquecer a sua vida anterior antes de assumir uma nova vida. Os rios subterrâneos são o Atanor, o vaso e o forno onde se operam as transmutações essenciais, e das suas águas surge a nova vida. As "águas da morte" são um motivo arquetípico presente em muitas mitologias, pois envolve o significado de que a água mata e dissolve todas as formas para poder recriar novas formas.

Como agentes regeneradores das forças vitais contidas na morte, os rios infernais garantem o ciclo eterno da renovação e por isso são considerados divindades da abundância e da fecundidade. Eles dividem o poder da renovação da vida com as deusas terrestres e lunares, absorvendo em suas águas escuras os cadáveres dos mortos e transmutando a morte em vida. Estes rios são a melhor expressão para o poder regenerativo do inconsciente, pois enfatizam o simbolismo lunar da morte como o germe da nova vida e como a fase preparatória anterior a toda regeneração.

Todo processo de transformação traz a morte como condição indispensável. É necessário morrer um pouco, isto é, abandonar os padrões antigos, despir-se das aparências exteriores para se iniciar uma nova vida. Existem muitos mitos que tratam da descida de uma deusa ao mundo inferior. O mito mais antigo e conhecido sobre o assunto é a "Descida de Inana", a rainha suméria do Céu e da Terra. O poema narra que, quando Inana resolveu ir ao mundo subterrâneo, ela abandonou o Céu e a Terra e decidiu descer ao mundo inferior.

A "Descida de Ishtar" é a versão acádia e mais tardia da "Descida de Inana", e da mesma forma trata-se de um processo de iniciação nos mistérios. Essa passagem para o mundo inferior ficou conhecida como a porta de Inana-Ishtar.

Ishtar, a deusa acádia da vida e da fertilidade, sabe que necessita fazer uma descida ao mundo inferior, ao país dos mortos, para manter ativa a sua função de deusa da fertilidade. Resolve, então, visitar a sua irmã Ereshkigal, a rainha dos mortos e do mundo subterrâneo. Seu nome quer dizer "Senhora da Grande Habitação Inferior". Ao tentar forçar sua passagem pelos portões do mundo inferior, seu manto e suas vestes são arrancados de seu corpo. Ishtar tem que atravessar sete portões do mundo inferior. Em cada um deles o porteiro retira um dos ornamentos da deusa:

Ishtar, filha de Sin, tomou a decisão de viajar
À terra de onde não há regresso, o reino de Ereshkigal.
Sim, a filha de Sin decidiu ir
À casa soturna, a morada de Irkalla,
À casa de onde ninguém sai uma vez tendo entrado,
À estrada que não tem retorno,
À casa onde os habitantes são privados da luz...[7]

O desnudamento corresponde ao abandono dos condicionamentos temporais e profanos do eu, da morada corporal e mortal, para que o espírito possa encontrar a sua verdadeira morada, que é a reintegração na Totalidade do Self. A esse respeito diz o *Bhagavad Gïta*:

"Estes corpos caducos que servem como envoltório para as almas que os ocupam são coisas finitas, coisas do momento, e não são o verdadeiro homem real. Eles perecem como todas as coisas finitas; deixa-os perecer...

"Como a gente tira do corpo as roupas usadas e as substitui por novas e melhores, assim também o habitante do corpo (que é o espírito), tendo abandonado a velha morada mortal, entra em outra, nova e recém-preparada para ele."[8]

A nudez ritual corresponde à busca da integridade e da plenitude, pois a entrada no Paraíso, a volta ao estado de totalidade, requer o abandono das vestes, das aparências falsas e não-verdadeiras do eu. A imagem do Paraíso está ligada à nudez.

Os rios do mundo inferior revelam e introduzem nesta outra dimensão, a da não-vida, a da não-existência. Mas é justamente deste não-Ser, desta não-vida que nascerá o novo Ser. A morte constitui um dos estágios intermediários do processo iniciático do qual nascerá uma nova vida. Os rios subterrâneos podem ser considerados um centro espiritual onde se realizam os processos de iniciação que envolvem a morte, a regeneração e o renascimento. A viagem dos mortos na barca de Caronte pelos rios Estige e Aqueronte em direção ao Hades era um estágio necessário que fazia parte do processo de renascimento espiritual, de integração suprema ao Self. Toda iniciação exige o processo de morte, a descida aos Infernos, a travessia do rio que equivale à experiência mística.

A passagem por provas iniciáticas que visam comprovar o grau de preparo do candidato é uma exigência presente em todos os processos de iniciação. O domínio do fogo, a insensibilidade ao calor e ao frio extremo e a capacidade de suportar dores fazem parte do conjunto de provas ao qual o adepto deve se submeter. Essas provações mostram se o adepto já superou a sua condição humana e é capaz de suportar as situações extremas a que o corpo e o espírito são submetidos. A coragem de enfrentar estas provas traz, por outro lado, o fortalecimento e o aumento das virtudes espirituais. O rio Estige, de águas geladas, o Piriflegetonte, de chamas ardentes, o Aqueronte, das dores, o Cocito, das lamentações, e o Lete, do esquecimento, constituem as provas a serem enfrentadas e ultrapassadas por aqueles que buscam a senda da vida espiritual.

Cada um destes rios representa simbolicamente aspectos do mundo inferior, os estágios ou provas pelos quais a alma do morto deve passar. E, no nível psicológico, corresponde a estágios ou etapas do processo de individuação. O rio Estige representa o poder de dissolução das águas, necessário ao processo de renovação. A água tem a propriedade de dissolver o velho para poder gerar o novo. Corresponde à operação chamada pelos alquimistas de *Solutio*: dissolver as formas velhas para criar formas novas.

As águas do Estige desmaterializavam, dissolviam para poder liberar as energias espirituais em sua busca de ascensão. Dizia-se que esse rio tinha a propriedade de dissolver qualquer metal que entrasse em contato com suas águas. O único material que resistia ao seu poder de dissolução era o casco do cavalo. Simbolicamente, o cavalo e as águas correntes ou dos rios são a mesma coisa, são forças vitais geradoras e destruidoras. A água só não pode dissolver a própria água.

A passagem pelas águas geladas do Estige significa que o iniciado adquiriu a resistência ao frio exterior, isto é, às provações da vida material, e se tornou invulnerável aos sofrimentos da carne porque fortaleceu o espírito. Tornando-se um ser espiritual, o homem real não pode ser ferido por nada e por ninguém, nem queimado pelo frio, nem pelo fogo, porque adquiriu uma compreensão mais profunda da vida. O espírito é impermeável, incombustível, indissolúvel, imortal, permanente, imutável, inalterável e eterno. A compreensão psíquica do sofrimento e de seu significado mais profundo é um agente transformador. Uma das provas iniciáticas do xamanismo consiste em resistir tanto ao frio quanto ao calor extremo.

O fogo e o gelo estão ligados à idéia de término de um ciclo, ao final de uma era, e se referem ao processo de finalização provocado por esses elementos. O poeta Robert Frost associa as imagens do fogo e do gelo ao fim do mundo:

Alguns dizem que o Mundo acabará em fogo,
Outros dizem: em gelo,
Pelo que provei do desejo
Estou com quem prefere o fogo.

Mas se o mundo tiver de perecer duas vezes,
Creio que conheço bem o ódio
Para dizer que para destruir, o gelo
Também é excelente
E seria o bastante.[9]

O rio Piriflegetonte tem a função de fazer amadurecer espiritualmente, destruindo pelo fogo as faltas e limitações da existência material e individual, juntamente com as suas percepções estreitas. O amadurecimento se refere ao acesso a um tipo de compreensão da vida e à aquisição da consciência da responsabilidade pessoal envolvida em todos os fatos. Esse conhecimento leva o indivíduo à busca de atitudes e comportamentos mais integrados e coerentes com o seu desenvolvimento psíquico e espiritual.

A passagem pelo rio Flegetonte é um dos ritos iniciáticos de morte e de renascimento do mundo inferior. Esse rio reúne num só rito a associação de dois princípios purificadores: a água e seu princípio oposto, o fogo. A purificação pelo fogo é reforçada pela da água. A purificação pelo fogo é complementar à purificação pela água e corresponde ao batismo pelo fogo. Passar por esse rio significa purificação, obtenção do fogo interior do amor e do conhecimento espiritual. Segundo Mateus (3,11), João Batista fala do fogo a respeito do batismo: "Eu na verdade vos batizo em água para vos trazer a penitência: porém, o que há de vir depois de mim é mais poderoso do que eu, e eu não sou digno de lhe lavar a sandália. Ele vos batizará no Espírito Santo e em fogo." Segundo o profeta Isaías, Iahweh lhe disse: "Não temas, porque eu te resgatei; eu te chamei pelo teu nome, és meu. Quando passares pelo mar, estarei contigo; quando passares pelos rios, eles não te submergirão. Quando passares pelo fogo, a chama não te atingirá e não te queimarás. Pois eu sou Iahweh, teu Deus, o Santo de

Israel, teu salvador" (Isa. 43, 1-3). Esse texto diz claramente que, na morte, as almas passam por um rio ou mar de fogo, os quais não atingem os justos, mas causam sofrimento aos pecadores.

Na Grécia dos tempos homéricos, o fogo tem ao mesmo tempo um aspecto purificador e separador da alma. Acreditava-se que o corpo de um morto devia ser queimado para que sua alma pudesse se separar deste e se dirigir ao Hades. "Somente pelo fogo as almas dos mortos são apaziguadas" (*Ilíada*, VII, 410). A respeito do aspecto purificador do fogo, o *Bhagavad Gita* comenta:

"Não há, no mundo, outro agente de purificação igual à chama da Verdade Espiritual. Quem a conhece, quem a ela se dedica, será purificado das manchas da personalidade e achará o seu eu real.

"O conhecimento da Verdade é dado àquele que vive na força da fé e domina o eu pessoal e as impressões dos sentidos. Quem atingiu este conhecimento e esta Sabedoria entra na Paz Suprema do Nirvana."[10]

Entrar nas águas flamejantes do Piriflegetonte e experimentar o seu calor tem o significado do batismo pelo fogo, de ascese, pois a purificação pelo fogo simboliza a intervenção do Espírito de Deus iluminando a consciência. Existe um grande número de ritos, crenças e símbolos em torno da idéia do batismo de fogo. Para o cristianismo, é através do batismo que se obtém a iluminação pelo Espírito Santo, que é, então, representado como uma chama. E a conquista da santificação é expressa pela imagem do fogo. Passar pelo fogo significa obter o fogo interior, que é a aquisição do conhecimento penetrante da iluminação e a destruição das aparências enganosas.

Na alquimia a passagem pelo fogo corresponde à *calcinatio*, que é a operação pela ação do fogo. O fogo da *calcinatio* é o fogo branco que purga, embranquece e redime os elementos impuros ou a matéria negra, a *nigredo*. O poeta Kazantzakis usa esta idéia de purificação no seu poema:

> *O fogo virá certamente um dia purificar a terra. O fogo virá certamente um dia obliterar a terra. Essa é a Segunda Vinda.*
> *A Alma é uma língua de fogo que golpeia e luta para fazer arder o touro negro do mundo. Um dia, todo o universo será uma única conflagração.*
> *O fogo é a primeira e última máscara de Deus. Dançamos e choramos entre duas enormes piras.*[11]

O rio Flegetonte exerce a função de levar as coisas a seu estado sutil pela combustão da aparência falsa. No Ioga, o termo Tapas se refere ao ardor interior, a um flamejamento espiritual, à destruição pelo fogo das percepções falsas, das limitações da existência individual. O elemento fogo, no Tantra, corresponde ao chakra Anahata, que é o centro do coração, e este corresponde ao Self. O adepto transformado pelo fogo adquire uma percepção mais sutil porque se origina do Self.

Assim, acreditava-se que os corpos mortos deviam ser torturados por meio do fogo e de todas as artes do sofrimento para que pudessem ressuscitar, pois sem sofrimento e morte não se pode alcançar a vida eterna. Para os budistas, o Avichi é o inferno quente e o lugar de tortura pelo fogo para a punição dos pecados. A idéia do purgatório cristão como um lugar de punição e de purificação pelo fogo faz parte deste mesmo tema arquetípico do fogo como purgador e purificador. Da mesma forma, o fogo do juízo final, além do caráter punitivo, é associado à cólera de Deus.

Em muitas culturas, o sofrimento tem um valor ritualístico, pois é parte importante do processo iniciático. Entre os xamãs, a doença é interpretada como o sinal de uma eleição sobrenatural, de um chamado especial, além de significar que o adepto foi escolhido por qualidades que deve pôr a serviço da cura do outro. Nas iniciações xamânicas, as provas sofridas pelos adeptos, embora "em estado secundário", são por vezes de extrema crueza; o xamã assiste em sonho ao seu próprio despedaçamento e morte. Os mistérios greco-orientais consistiam em participar da paixão, morte e ressurreição de um deus. O sofrimento, a morte e a ressurreição desse deus, já conhecidos do neófito na versão de mito, isto é, de história exemplar, eram-lhe mostrados de forma experimental durante a iniciação.

Os alquimistas, por outro lado, viveram a função iniciática do sofrimento de forma simbólica, quando projetaram na matéria, através das operações alquímicas, as torturas, a morte e a ressurreição. Passar pelo rio Aqueronte, cujo nome em grego quer dizer tristeza e aflição, e pelo Cocito significa estar preparado para vivenciar o sofrimento com nova compreensão espiritual — como uma oportunidade de conhecimento e de transformação psíquica. A esse respeito o *Bhagavad Gïta* diz:

"Com a mente tranqüila, aceita como igual o prazer e a dor, o ganho e a perda, a vitória e a derrota. Cinge-te para a peleja, cumpre o teu dever, e evita assim o pecado."[12]

O sofrimento do corpo é uma via de compreensão. Como sabiamente disse Jung, muitas vezes adoecemos para poder nos curar. Isso não significa que se deva aceitar o sofrimento de forma passiva, conformista e impotente, mas se colocar numa atitude de afastamento objetivo que permita obter a compreensão maior desse momento especial. A doença pode ser uma via de conhecimento. Os sofrimentos físicos e psíquicos, tão desagradáveis e doloridos, trazem, no entanto, a oportunidade de autoconhecimento, já que estes sofrimentos são muitas vezes provocados por atitudes e posturas equívocas na vida e na relação com os outros. Desta maneira, o indivíduo pode extrair de si mesmo, do seu sofrimento, o saber e o aumento da consciência sobre si mesmo e sobre o mundo, e pode olhar a vida de forma mais profunda.

Passar pelo Aqueronte e pelo Cocito tem o significado de entrar no mundo interior, no inferno individual que criamos. Assim como o conhecimento é a via de libertação do sofrimento, de transformação, a ignorância é a porta para o sofrimento. A doença corresponde a uma entrada na escuridão e no caos, onde a personalidade sente ser dissolvida, para poder ser reconstruída em nova forma.

A passagem pelo rio Cocito pode ainda ser associada à vivência da fase alquímica de embranquecimento, "xisto branco" ou "*albedo*", pois essa fase admite associações paradoxais, como explica Edward Edinger: "De um lado as cinzas significam desespero, pranto ou arrependimento. De outro, contêm o valor supremo, o alvo da obra."[13] Tanto o sal quanto a cinza, por sua brancura, são ligados ao *albedo*. A cinza equivale ao sal porque tem o duplo aspecto de sofrimento e sabedoria, ou da sabedoria que é conquistada pelo sofrimento. Como escreveu Jung: "Na alquimia filosófica, cabe ao sal o significado de um princípio cósmico. De acordo com a sua posição na quaternidade, corresponde ele ao lado feminino (lunar) e à metade superior luminosa. Não causa nenhuma estranheza que o sal se torne uma das muitas designações da 'substância do arcano'."[14]

O Aqueronte corresponde a um período de vivência no estado de Limbo. Nas tradições órficas, o Limbo está situado na entrada do Inferno e é o lugar de morada das crianças natimortas, ou que só viveram pouco tempo. No cristianismo, o Limbo é o lugar para onde vão as crianças mortas sem batismo ou das almas que não conseguiram alcançar a graça eterna. Mas, simbolicamente, o Limbo é o lugar de preparo do adepto para a entrada no Paraíso. A literatura alquímica greco-egípcia discorre longamente sobre o tema dos sofrimentos, da morte e da ressurreição da Matéria.

Nos *Textos das Lâminas de Ouro Fúnebres*, que são textos de ensinamento do caminho do mundo inferior dirigidos aos iniciados da fraternidade órfico-pitagórica, o Lete é indicado como a fonte que está situada à esquerda da morada do Hades e que deve ser evitada:

> *À esquerda da Morada do Hades encontrarás uma fonte,*
> *E ao lado dela existe um cipreste branco.*
> *Não te aproximes desta fonte.*[15]

Esses mesmos textos fúnebres recomendam que o iniciado beba da água de outra fonte, a da Memória, que se encontra à direita:

> *Mas encontrarás outra, do lago da Memória,*
> *Da qual brota água fresca, e diante da qual se postam guardiães.*
> *Dize: "Sou filho da Terra e do Céu estrelado;*
> *Mas minha raça é (só) do Céu. Isto vós sabeis.*
> *Mas estou ressecado pela sede e estou perecendo. Dá-me rápido*
> *Da fresca água que brota do lago da Memória."*
> *E por si mesmos te darão de beber da fonte sagrada,*
> *E depois disso terás soberania sobre os outros heróis.*[16]

Os textos recomendam que se evite beber da água do rio do Esquecimento e que se beba da água do rio da Memória, pois o esquecimento equivale ao sono e à perda de si mesmo, à morte. Mas esta morte à qual se referiam os antigos textos era a morte espiritual. E o esquecimento era o esquecimento das origens divinas. O que esses textos sagrados ensinavam é que: é necessário relembrar, rememorar o passado primordial, mantê-lo vivo através da memória, jamais esquecê-lo, para poder se manter vivo espiritualmente. Neste sentido o Lete deve ser evitado, como é recomendado nos textos pitagóricos.

O esquecimento, para os gregos, não era um fato psicológico, mas uma força numinosa de ocultação e de encobrimento. É também necessário esquecer a existência profana anterior para viver a nova existência espiritual. Como dizia Plotino: "A memória é para aqueles que esqueceram." O rio Lete, o do esquecimento, expressa este aspecto do mundo inferior; é, portanto, um dos passos do processo iniciático. Ele acolhe a alma do morto para lhe fazer esquecer a existência terrena e iniciá-lo na memória da vida espiritual. Assim, o esquecimento já não simboliza a morte, mas o regresso à vida.

Entre muitos povos, os iniciados deveriam esquecer tudo sobre a sua vida anterior. E logo após a sua iniciação eles eram alimentados como crianças, conduzidos pela mão e novamente eram ensinados a caminhar e a falar. O indivíduo deveria pôr um fim ao seu passado, liquidar a existência histórica e profana para poder adquirir uma nova vida, a vida sagrada. Para Hesíodo, a linguagem é a própria revelação do sagrado, pois o sagrado é tudo aquilo que é sentido como possuindo poder e significação.

A aquisição de uma nova linguagem através do conhecimento e da memória reorganiza e recria um mundo novo. Freqüentemente, os adeptos aprendiam uma nova linguagem ou um vocabulário secreto, acessível somente àqueles que eram iniciados. O novo homem adquire o conhecimento que leva à perfeição espiritual. A conservação de atitudes antigas impede o desenvolvimento da personalidade e a conseqüente conquista de novas atitudes criativas, de uma nova linguagem.

O processo terapêutico valoriza tanto a memória quanto o esquecimento. Ele segue a tradição platônica: conhecer é recordar. O terapeuta privilegia a anamnese, visando relembrar o passado para poder adquirir uma compreensão de suas implicações e reflexos na vida individual atual. Depois de adquirido, este conhecimento deve ser esquecido para ser possível o nascimento de novas atitudes e posturas diante da vida. Esquecer, neste sentido, é necessário para dar lugar a novas experiências e a novas atitudes.

Os rios subterrâneos representam os aspectos noturnos da água, o seu lado escuro. As suas águas habitam o mais fundo da terra, a morada da noite, das sombras, do esquecimento, da indeterminação, da imutabilidade das formas, do encerramento das coisas e da finalização de um ciclo. As águas subterrâneas são o símbolo das virtudes informes da alma, das energias inconscientes, do poder invisível ao mesmo tempo material e imaterial. Os rios subterrâneos são considerados o grande reservatório de fertilidade e o imenso receptáculo da energia inconsciente.

As águas escuras subterrâneas moram embaixo do mundo, isto é, no inconsciente, e exprimem o estado de morte concluído, o estado de luto, de ausência destinada a ser preenchida, completude e falta provisória ao mesmo tempo. Correspondem à *nigredo*, à redução das substâncias à *prima materia*, ao Caos primordial, anterior à Criação. Na alquimia, a regressão ao estado fluídico da matéria equivale ao estado caótico primordial e à morte.

As águas escuras dos rios infernais simbolizam a renúncia a tudo que pertenceu à vida anterior para que possa se operar o processo regenerativo do mundo superior. As águas negras, do mais profundo mundo ctônico, além da sua qualidade lunar, também possuem uma qualidade de luz celeste. Elas são a matéria escura iluminada pelo espírito. Estige habita a região tenebrosa do Hades, mas suas nascentes escorrem de um promontório rochoso muito alto, do qual Pausânias afirma não conhecer outro que se eleve a tal altura. As águas do Estige fazem a união do aspecto solar, diurno, com o lunar, noturno. Esse rio também é uma representação da serpente primordial de onde tudo se origina e para onde tudo retorna. Esses rios representam o Centro como princípio, o real absoluto.

Os rios noturnos, como o inconsciente, representam o espírito da natureza ctônica, mas contêm em suas águas escuras a centelha divina da sabedoria, a "Sapientia Dei". Representam a força supranatural e misteriosa, o Centro energético e espiritual. Assemelham-se assim ao Mercúrio alquímico no qual se afoga o Sol, e ao espírito divino que se incorporou na matéria, quando a criou. Como diz Bachelard: "A água é um convite à morte; é um convite a uma morte especial, que nos permite penetrar num dos refúgios materiais elementares."[17]

A corrente das águas subterrâneas conduz o morto ou iniciado para o retorno, para a reintegração no Centro, para o modo de ser espiritual e sagrado. O retorno à indistinção primordial, à unidade, significa para os alquimistas uma dissolução, a obra em negro, a noite, a morte prévia antes da restauração da luz e do novo nascimento. A filosofia neoplatônica concebe a vida como a emanação do Uno e a morte como o retorno a esse Uno. Heidegger descreve a existência humana como "ser para a morte", e a respeito da morte diz que "a morte, como o santuário do Não-Ser, esconde em si a presença do Ser". Para esse filósofo, é através da compreensão correta da morte que o homem encontra o domínio sobre si mesmo e o sentido do Ser. De acordo com o pensamento heideggeriano, a morte constitui uma possibilidade de encontro do indivíduo com o Ser.

A morte como fim é, ao mesmo tempo, um retorno, porque a criação de Deus retorna a Ele. A maioria das tradições religiosas e filosóficas sempre falam da morte como um retorno ao Centro, à origem, como a reintegração da manifestação ao seu princípio.

Os rios subterrâneos representam este retorno, o caminho de volta para casa, o regresso à totalidade primordial, à unidade do ser, à fonte original de onde tudo emanou. As suas águas levam para uma nova viagem, jamais feita, a volta à Essência Divina.

CAPÍTULO 8

Zeus:
O Deus Chuvoso

"O próprio nome de Zeus anuncia a sua natureza: ele é, por excelência, um deus celeste indo-europeu."[1] Zeus, o rei do Olimpo, é um dos deuses gregos que possui o maior número de atributos simbólicos. Além dessas inúmeras características, muitos dos epítetos de Zeus demonstram possuir ele as qualidades de um deus da atmosfera. Ómbrios e Hyétios (Chuvoso), Úrios (o que envia ventos favoráveis), Astrapios ou Astrapaîos (o que lança raios), Brontaîos (o que troveja).

Zeus é ainda chamado de Chtonios, porque governa a chuva assegurando a fertilidade dos campos. Segundo Teócrito, Zeus ora está sereno, ora desce sob a forma de chuva. E Homero diz que Zeus reina sob o vasto céu com suas nuvens. Neste livro nos concentraremos especialmente nos seus atributos ligados à água.

Uma das muitas narrações sobre o senhor do Olimpo conta que Dânae, a filha do rei de Argos, Acrísio, e de Eurídice, foi aprisionada pelo pai, porque este, desejando ter um filho homem, mandou consultar o Oráculo de Delfos e Apolo respondeu que Dânae teria um filho homem e que este mataria o avô. Acrísio, para se prevenir, enclausurou a filha, na companhia da ama, numa câmara de bronze subterrânea. Zeus, sob a forma de uma chuva de ouro, penetrou na câmara e engravidou Dânae, que concebeu Perseu.

Mesmo quando Zeus aparece sob outro aspecto, aparentemente distante daquele ligado à água fertilizadora, os relacionamentos gerados por ele demonstram que Zeus está ligado à fertilidade. É o caso de Zeus Lycaios (lobo), ao qual ofereciam-se sacrifícios humanos nos tempos das secas.

Zeus, quando se manifesta na forma de chuva, é o símbolo do poder celestial fecundante. Ele é o atual representante arquetípico do masculino fertilizante da terra feminina. O princípio masculino pode desmembrar-se em vários personagens, mostrando a complexidade da função de fertilização no processo evolutivo. Encarnando a função de fertilizador, o deus chuvoso se uniu a várias deusas ctônicas, como Europa, Sêmele, Deméter e outras, realizando o primordial ritual de fertilidade: o hierogamos do céu com a terra, a iluminação da Matéria pelo Espírito. Como chuva fertilizadora, Zeus se assemelha ao seu avô, Urano, o mais antigo deus fertilizador dos gregos, e o substitui, atualizando o arquétipo do velho deus fecundador que se tornou *otiosus*.

É na qualidade de chuva que o deus do Olimpo representa o aspecto celeste ativo, o doador da fertilidade material e espiritual, que precipita as suas dádivas sobre a terra. E é como representante arquetípico da fecundação celeste que o deus chuvoso participa da concepção arcaica e universal de um pai celestial fecundador, mas atualiza e torna mais complexa a idéia da penetração da Mãe-Terra pelo Pai-Céu. Zeus é um deus celeste fertilizador e criador e, por assim ser, dá continuidade à idéia arquetípica de que a ação do céu sobre a terra é criadora, originando todos os seres e gerando o mundo. Desta forma se explica a sua necessidade constante e, podemos dizer, compulsiva de estabelecer várias conjunções amorosas com deusas, ninfas e mortais. Ele é a chuva, a água germinativa, o sêmen viril que fecunda a terra, e a hierogamia é um de seus atributos e a sua vocação, o que lhe permite realizar a sua função criativa de ampliação evolutiva da consciência.

O senhor do Olimpo dá continuidade e desenvolvimento à ação simbólica de Urano como o pai celeste fertilizador, pois este perdeu a sua atualidade psíquica no processo evolutivo cósmico. A figura paterna passa a ser representada pelo filho, agora como pai, para mostrar a diferenciação da função paterna no processo de diferenciação da consciência. Zeus é uma forma mais complexa e evoluída do arquétipo da divindade celeste paterna, pois a sua personalidade é mais rica e as suas funções mais amplas, e porque abrange a vida em toda a sua manifestação material e espiritual.

A chuva é o equivalente simbólico do sêmen de Zeus, é a sua força fecundante e criadora; por isso, ele é também conhecido como Chtonios, aquele que assegura a fertilidade dos campos e a perenidade da vida. Fiel à sua função de mantenedor da vitalidade e regulador da ordem cósmica, Zeus se une a Deméter e gera uma deusa da fertilidade, Perséfone — como todo filho, uma hipóstase sua, cuja responsabilidade é dar continuidade e garantir a manutenção e a renovação cíclica da vida como um todo.

A fertilidade simbolizada por Zeus tem um significado mais profundo do que o simples aspecto biológico: ela se amplia do material para o psíquico e o espiritual. A fertilidade material e a espiritual não são opostas, mas expressões de uma mesma realidade que é única, pois manifesta a generosidade de Deus para com o homem e o seu desejo de que a sua criação viva em opulência. Além disso, mostra a homologia que existe entre o céu e a terra, isto é, evidencia que tudo o que existe na terra existe também no céu.

Na maior parte das civilizações agrárias, não existe uma distinção entre o céu religioso e o céu atmosférico, pois o céu é concebido de forma geral como um lugar sagrado e fértil por excelência. A chuva é, em muitas tradições religiosas, amplamente considerada a semente do deus celeste da tempestade, o seu esperma fecundante. Em outras tradições, a chuva é vista como a doação de um ser celeste ou de um pai espiritual. Entre os hindus, alguns falam de um pai que envia a chuva do céu do Norte, descansando nas estações e mostrando-se de doze maneiras. Outros falam de um homem santo no céu do Sul, com uma carruagem de sete rodas de seis raios.

Para os incas, a chuva era uma doação do deus do trovão, Illapa, que a retirava da Via Láctea, o grande rio do céu. Entre os maias, o deus Itzanam se autonomeia a substância celeste, o orvalho das nuvens. Ele é concebido como o deus que manda a chuva para a terra. Para os astecas, o deus Tlaloc é considerado o deus da chuva e da fertilidade. Entre os nagôs, Oxumaré é o arco-íris que garante a circulação das águas; retira da terra a água e a leva para o céu para que volte a cair sob a forma de chuvas fecundas. No *Rig-Veda*, Indra é o deus que doa a sua virilidade em forma de chuva à terra. E, entre os gregos, Zeus é o representante desta mesma idéia arquetípica.

A chuva é geralmente concebida como a doação de um deus masculino, como o seu sêmen. Ela é vista, em sua essência, como mais ligada à polaridade masculina do que à feminina, embora em algumas culturas lhe atribuam uma origem ou qualidade mais feminina, uma natureza mais yin do que yang, pelo fato de a chuva se originar na Lua, que é feminina e é considerada o astro regente da fertilidade da terra. Na China, por exemplo, se diz que é a Lua que produz a chuva.

Para os esquimós, a chuva é uma hierofania da Lua. Esta atribuição também se deve à associação da Lua com a água e com as primeiras chuvas, e porque à Lua era conferida a função de agente reguladora do ciclo das águas, a regente dos líquidos, da umidade e da fertilidade. A chuva é, portanto, vista como uma dádiva de um deus-pai, como a graça e a sabedoria recebida de um ser divino celeste. E por possuir essa origem divina, a chuva apresenta a dupla significação de fertilidade material e espiritual. O *Bhagavad Gïta* diz:

"Todas as criaturas (tanto as espirituais como as materiais) vivem enquanto se alimentam. O alimento cresce com a chuva. A chuva é mandada pelos deuses em resposta aos desejos, às preces e às súplicas dos homens."[2]

Entre os religiosos do Islã se diz que Deus envia seu anjo em cada gota de chuva. Na Índia se acredita que seres sutis espirituais descem da Lua à terra dissolvidos dentro de gotas de chuva. Zeus, o deus chuvoso, é o representante grego desta idéia, é o dispensador de bens, o doador da vida material e da vida espiritual. Além do mais, a chuva traz os relâmpagos e os raios, e assim reúne simbolicamente o fogo e a água, o que reforça a idéia do espírito presente na matéria.

É sob a forma de uma chuva de ouro que Zeus fertiliza Dânae. O ouro é visto como a luz mineral, pois tem o mesmo brilho da luz. Além disso, possui a qualidade ígnea, solar e divina, é considerado o fogo purificador e iluminador e representa a vibração materializada do espírito de Deus. Todas essas atribuições simbólicas valorizaram o ouro em todas as culturas.

Zeus fecunda Dânae como chuva de ouro. O fluido seminal luminoso do deus, a sua chuva-sêmen de ouro, reúne dois símbolos, a água e o ouro, acentuando o significado espiritual desta fertilização. Zeus fecunda Dânae, não só biologicamente, mas sobretudo espiritualmente. Ele a ajuda a alcançar o seu ideal, a gestação de Perseu, a gestação do filho alquímico, de sua individuação.

Dânae, através da fertilização dourada, é iluminada pelo espírito e adquire de Zeus a espiritualidade. Esta passagem mítica revela claramente a idéia do valor místico atribuído ao ouro e do seu poder de promotor da perfeição espiritual. O ouro, sendo um mineral incorruptível, preserva de qualquer degeneração, confere a imortalidade e, portanto, a perfeição; por isso, é considerado universalmente o símbolo da imortalidade espiritual. No Egito, o corpo dos deuses era considerado como sendo de ouro, e os Faraós, ao tornarem-se deuses, adquiriam um corpo de ouro.

A transmutação alquímica tem o mesmo valor de aperfeiçoamento espiritual da matéria, de incorruptibilidade. A busca do ouro e da imortalidade como fatos concretos não era o real objetivo dos alquimistas, porque o que eles buscavam era o ouro e a imortalidade espiritual. Eles acreditavam que a operação de transmutação dos metais vis em ouro é possível, mas somente para aqueles que desenvolveram a virtude espiritual. O ouro é a própria imortalidade, e a única transmutação real é a da individualidade humana. A alquimia estava profundamente ligada a uma prática espiritual. Li Chao-Kiun, alquimista chinês, diz que o êxito só é possível com a ajuda de Déus.

Zeus fertiliza Dânae com o seu sêmen de ouro, com a sua luz líquida, conferindo-lhe o poder de se tornar imortal, de criar alquimicamente o embrião da imortalidade. Entre os chineses, o ouro e o jade são considerados materiais que participam do princípio cosmológico Yang, e assim têm o poder de preservar os corpos da corrupção. Por essa razão, os alquimistas chineses acreditavam que o homem verdadeiro fabri-

140

cava o ouro porque desejava se servir dele como remédio para a sua imortalidade, para a sua transformação espiritual. Os textos alquímicos chineses diziam que bastava alguém absorver o ouro potável ou o cinábrio, o elixir da imortalidade, para se tornar imortal. Mas o cinábrio também pode ser criado no interior do corpo, através da destilação do esperma. Existe uma relação simbólica estreita entre o ouro e o esperma, atestada em muitos escritos alquímicos antigos, nos quais se afirma que, antes de se utilizar o ouro no *opus*, é necessário reduzi-lo a esperma. Assim, o esperma é carregado de um grande poder espiritual transmutador e criador.

Em outras tradições religiosas e filosóficas, o sêmen ou esperma humano aparece com caráter divino. Segundo a doutrina estóica do *logos spermatikos*, o sêmen era tido como um pneuma incandescente que contém em si mesmo o pneuma divino, graças ao qual a alma pode se formar no embrião. Para Platão, a psique é sêmen, *sperma*, ou está no sêmen, e este sêmen está contido no crânio e na espinha. Para Aristóteles, o sêmen era a própria respiração ou tinha respiração (pneuma), e a procriação era um ato de respiração ou sopro. Todas essas concepções estabelecem uma homologia simbólica entre divindade, espírito, luz e esperma.

A transmutação espiritual só pode se realizar depois de um período de incubação do metal no seio da terra, assim como toda transformação também envolve um período de incubação necessário. Dânae é encerrada em uma câmara de bronze por seu pai. A câmara de bronze representa o Atanor, o forno alquímico, e o encerramento equivale ao *regressus ad uterum*, um regresso ao útero. O *Vas Mirabile* é onde residia todo o segredo alquímico e, segundo a alquimista Maria, a Profetisa, era uma espécie de *matrix* ou útero de onde vai nascer o *Filius Philosophorum*, o Filho Filosófico ou a Pedra milagrosa.

O bronze se transforma em ouro como fruto da maturidade, como processo de aperfeiçoamento. Segundo o pensamento alquímico, qualquer metal acabaria por se transformar em ouro graças à lenta maturação que se processa nas entranhas da terra. Para os alquimistas, todos os metais seriam ouro se tivessem tido tempo e oportunidade para se transformar. A perfeição do ouro é fruto de sua maturidade. Da mesma forma, o homem, como um metal vil, pode se tornar um ser espiritualizado, um homem de ouro, se permitir o seu amadurecimento, a sua transmutação.

O que o alquimista faz é acelerar o amadurecimento dos metais e o seu próprio amadurecimento espiritual. Assim, a sua pesquisa envolvia a busca do ouro do espírito, da essência espiritual de cada um. A alquimia simboliza a própria evolução do homem de um estado em que predominam os instintos, a vivência dos sentidos, a vida puramente material, para o estado de transmutação espiritual. Transformar os metais em ouro equivale simbolicamente a transformar o homem em puro espírito.

É isto o que a Arte da alquimia realiza, o processo de amadurecimento dos outros metais para que se transformem em materiais nobres e, simbolicamente, o amadurecimento psicológico do adepto para que este se purifique e se transforme espiritualmente. O alquimista ajuda a natureza a alcançar o seu ideal de aperfeiçoamento espiritual. A incubação de Dânae no interior da câmara equivale a um processo alquímico de maturação e tem o significado de amadurecimento espiritual dentro do útero da terra. Os fornos alquímicos simbolizam o novo útero da terra, o útero artificial, o vaso hermético, que é ao mesmo tempo uma sepultura onde os minerais podem completar a sua gestação e o seu amadurecimento.

Dentro da tradição grega, o ouro evoca o poder do Sol e toda a simbologia ligada à fecundidade como riqueza material e espiritual, foco de luz, conhecimento-iluminação. O ouro detém um simbolismo fortemente espiritual de autonomia e soberania. A chuva de ouro sob a qual Zeus se manifesta para engravidar a filha de Acrísio tem o significado de que a epifania de um deus depende da vontade humana e que o destino, em última análise, também depende da vontade do homem, do seu livre-arbítrio. O deus precisa do homem para manifestar a sua bondade, dádiva e opulência. Os mitos dizem muitas vezes que o desejo divino tem que ser obedecido mas que os deuses respeitam o livre-arbítrio do homem. Acrísio tenta mudar o destino de sua filha, mas este se cumpre porque era o desejo de Dânae receber de Zeus a fecundação e a iluminação espiritual.

Zeus é tanto Ómbrios quanto Astrapaîos, traz a chuva fecundante e a luz-iluminação, representa, pois, as ações e influências materiais e espirituais, a fertilidade do céu, do espírito que penetra e ilumina a terra, a matéria. Zeus preside à transformação alquímica do adepto, aqui representado por Dânae. Ele é o pai da Obra e o representante do princípio alquímico *Solve e Coagula*. A sua conjunção como chuva de ouro tem o significado de purificação da matéria pela luz do espírito, ou, como dizem os alquimistas, a purificação da matéria pela sublimação filosófica. A filha de Acrísio é tanto o adepto quanto a mãe da Obra, representando a terra fértil disponível para a realização da alquímica agricultura celeste. Zeus e Dânae são o casal alquímico, a *soror mystica* e o *artifex*, cuja presença se faz necessária até o final da Grande Obra.

A iluminação e a criação espiritual estão fortemente marcadas por um simbolismo sexual, o que revela o objetivo de acentuar o caráter da hierogamia entre o céu e a terra, a penetração do espírito na matéria, a conjunção dos opostos, do rei e da rainha, fundamental para o processo de transmutação. Na tradição cristã, este arquétipo aparece como o Espírito

143

Santo, como a luz que fecunda Maria. Zeus realiza um intercurso sexual com Dânae, um casamento místico na forma de chuva de ouro. Na alquimia, o hierogamos, a união sexual do rei e da rainha, seguida da morte, adquire uma dimensão mais espiritualizada que leva à transmutação, à Pedra Filosofal.

O processo de individuação é simbolicamente representado pela iluminação espiritual da matéria. Envolve uma espécie de consciência espiritual quando o indivíduo entende que a sua jornada individual psicológica também é uma jornada espiritual, e isso o torna mais responsável com o seu próprio crescimento, faz dele o *artifex* do seu processo. Ele sabe que deve operar uma transformação em nível psicológico, ético e espiritual. Sem dúvida alguma, os antigos alquimistas chineses, hindus ou alexandrinos estavam conscientes de que, ao perseguir a perfeição dos metais, procuravam na realidade alcançar a sua própria perfeição espiritual. O próprio iniciado deve ter como finalidade a sua autotransmutação, deve desejar se transformar em um novo homem ao final do processo. No final da Obra, ele mesmo deve se transformar em Pedra Filosofal.

Como Ómbrios, Zeus pode se manifestar em toda a sua onipotência, como a tormenta, que traz uma revelação, ou como a tempestade ou dilúvio que é interpretada no nível humano como a manifestação da cólera divina da natureza e sentida como um castigo pelas faltas cometidas. A percepção da falta, quando negada na consciência, origina o desejo de punição, que geralmente é projetado e atribuído a um deus. Os males que afligem os homens não são obras dos deuses, mas o resultado de suas próprias ações. Como disse Platão na *República* (617), "a causa do que cabe a cada um está em quem escolhe, Deus não é a causa dessa escolha e do que nela é escolhido".

A tormenta e a tempestade possuem miticamente tanto um aspecto destruidor quanto um aspecto criativo que fazem parte do processo de renovação cíclica da vida. Shiva, o destruidor, é também o renovador, pois traz em si o significado de que viver é morrer e morrer é viver. Como deus da tormenta, Zeus se assemelha a Shiva-Rudra, o destruidor. É na tormenta que se dão as ações criadoras, porque ela é também a chuva fertilizante, o sopro divino, o princípio celeste que se manifesta na matéria.

Os deuses criadores e organizadores cósmicos são geralmente deuses da tormenta, como Zeus entre os gregos; Bel entre os assírio-babilônicos; Donar entre os germanos; Thor entre os nórdicos; Agni e Indra entre os hindus. Zeus revela a sua presença através do que lhe é muito próprio, a *magesta* da tormenta e o *tremendum* do raio. É na tormenta que acontecem os grandes inícios e os grandes fins; assim, ela corresponde a um chamado de Deus. Como deus da tormenta, Zeus usa os dois elementos primordiais, a água e o vento, como princípios criadores. O vento como sopro significa o influxo espiritual criador e sempre foi considerado o portador de uma mensagem divina. Na Bíblia, o vento é o sopro de Deus que ordenou o caos primitivo e criou o homem.

É como Astrapaîos, o que lança raios, que Zeus simboliza a ação fertilizante, tanto de ordem material quanto espiritual. Os seus raios são a centelha de vida, o poder fertilizante de um deus celeste e o poder de criação da consciência, pois fundar e fecundar são miticamente equivalentes. Em todas as religiões existe uma divindade que emana um raio criador que cai na matéria primordial. A luz do raio é a vida que impregna a matéria. Esta centelha de luz rápida que penetra a terra pode ser comparada ao ato viril de um deus criador que fecunda material e espiritualmente.

A relação entre o raio e a fecundidade é um motivo arquetípico presente em várias tradições culturais. Os deuses da tormenta penetram a terra com o raio e a tempestade. Esta é, em si mesma, o sinal da hierogamia entre o céu e a terra. No pensamento oriental, a associação entre o raio e a fecundidade é um tema mítico freqüente. Na Bíblia, Jeová, o deus criador do mundo, é também apresentado como o deus dos relâmpagos, do fogo e do raio. Na Índia, a chama e a luz sempre simbolizaram a criação cósmica e mesmo a própria essência do cosmo, porque o universo é concebido como o desejo de manifestação da divindade. O mundo é um devir dos deuses, a sua Teogonia, pois eles são as formas eternas do mundo.

Nas tradições míticas de vários povos, as armas que os ferreiros divinos forjam para os deuses celestes são o raio e o relâmpago. O raio é o martelo de Thor. Da mesma forma, as armas de Zeus são o raio e o relâmpago forjados no fogo pelos Ciclopes. Quando adulto, Zeus, aconselhado por Géia, libertou do Tártaro os seus tios, os Ciclopes e os Hecatonquiros, e como recompensa recebeu o raio e o trovão. Os Ciclopes e os Hecatonquiros representam o poder ou a violência dos elementos, a força bruta e primitiva da natureza que se volta contra os excessos cometidos pelo homem. Na realidade, é o homem que provoca a fúria da natureza contra si mesmo. O raio é a representação das forças fálicas arcaicas e primitivas que, agora a serviço de Zeus, sob o comando do espírito, são o mais adequado símbolo dos seus poderes superiores.

Zeus é um deus que tem a função de estabelecer e garantir a ordem, por ser um deus civilizador em cuja essência e sentido está a criação da ordem do universo. O deus do Olimpo encarna o poder máximo da justiça divina, discriminadora e equilibradora, por isso é um dos arquétipos constelados no processo de individuação. Ele é o deus mentor da fase da alteridade. Para Jean-Pierre Vernant: "Zeus representa a justiça, a exata repartição das honras e das funções, o respeito aos privilégios de que cada um pode orgulhar-se, a preocupação com o que é devido a cada um, mesmo aos mais fracos."[3]

O deus do raio fulmina para estabelecer a medida, o *métron*, porque o raio tem um aspecto fálico discriminador, de implantação da ordem e da lei. Foi a visão da luz dos raios de Zeus, do seu poder fálico, que fulminou Sêmele, que a transformou em cinzas, isto é, a reduziu à sua verdadeira medida humana. Zeus, reduzindo Sêmele a cinzas, mostra a precariedade da vida humana e indica o caminho da vida espiritual, que é o da renúncia a toda vaidade humana, o que possibilita a transmutação. O raio possui um duplo aspecto: por um lado, representa a força e o poder equilibrador da justiça; por outro lado, a ação fulminante e aparentemente destrutiva do fogo transformador. O raio possui dois sentidos simbólicos que parecem se opor entre si: pode iluminar ou fulminar, mas está a serviço da mesma função evolutiva espiritual de transformação.

O raio traz, portanto, a possibilidade da vivência da experiência mística transformadora, que modifica profundamente aquele que a experimenta. A transformação de Sêmele em cinza tem o significado de morte simbólica, de reabsorção no cosmo, de encontro com o si mesmo, pois a experiência da luz tem o significado de encontro com a realidade última, com o Self. Sempre se atribuiu, em todas as culturas, um valor místico ao brusco lampejo do raio, o valor de um *mysterium tremendum* que, ao iluminar o mundo, traz alguma revelação sagrada. O raio é um atributo espiritual e criador do senhor do Olimpo, que quando aparece corresponde a uma teofania, à anunciação de uma revelação espiritual. Zeus é o deus que se manifesta trazendo a luz para a consciência, a iluminação criativa, e que, por isso mesmo, pode ter muitas vezes um caráter avassalador, desestruturante para um ego frágil.

O senhor do Olimpo se manifesta em toda sua onipotência como o relâmpago, representando a centelha de vida e o seu poder fertilizante. A relação simbólica do relâmpago e da fecundidade aparece muito freqüentemente no pensamento oriental. No antigo Egito, a vida é proveniente do Sol ou do sêmen de um deus criador. Na mitologia peruana o relâmpago tem o mesmo poder fecundante do Sol e da chuva. O relâmpago, da mesma forma que a chuva, é comparado à emissão do esperma divino, à ação viril de um deus criador. A sua associação com a chuva é quase universal.

O relâmpago é mais uma das representações do poder fálico de Zeus, do seu poder criador e iluminador. A idéia básica de que a luz é criadora é universalmente difundida. Na cultura africana, o relâmpago e o raio são os atributos de Xangô, um deus criador todo-poderoso; o raio é o seu falo. Os aborígines da Austrália se referem ao relâmpago como um pênis em ereção. Entre os pigmeus, ele é a arma ou o falo divino na hierogamia do céu com a terra. Na Bíblia, Jeremias (10, 12-13) descreve o deus criador do mundo como o Deus do Trovão e dos relâmpagos. Segundo Jó (36, 29), as mãos de Deus estão cobertas de raios.

A luz é sempre considerada como uma intensa experiência religiosa, como uma epifania que produz a ruptura, modificando totalmente a vida do sujeito, porque lhe revela o mundo do Espírito. São Paulo, a caminho de Damasco, fica extasiado diante da visão de uma luz. São João da Cruz narra as suas diversas vivências luminosas. Para os judeus, o Messias é Luz e trará a Luz. Seguindo esta tradição arquetípica, o relâmpago representa, em um outro nível, a força e o poder de iluminação de Zeus, que pode trazer o esclarecimento, o conhecimento intuitivo, intelectual e espiritual e a harmonia. O encontro com a luz é sempre transformador, e assim é descrito pelos místicos como uma ruptura na vida que lhes revela de forma clara o plano espiritual e a vida como a manifestação da vontade divina.

A luz rápida do relâmpago se equipara à instantaneidade da iluminação espiritual. Segundo Eliade, entre os esquimós a experiência de clarividência súbita e espontânea é chamada de relâmpago ou iluminação. A iluminação mística é o resultado de uma longa preparação mas chega sempre de repente, como um relâmpago. É sentida como uma luz interior que invade o corpo inteiro, mas sobretudo a cabeça, e é acompanhada de uma espécie de ascensão. Confere o dom da clarividência e da visão a distância.[4]

Como Brontaios, Zeus se expressa em mais uma de suas transformações, pois o trovão sempre anuncia uma teofania, a presença do deus. Zeus, depois que destrona Cronos e liberta os seus irmãos, recebe destes, além do raio e do relâmpago, também o trovão, que antes a Terra mantinha escondido. O rei do Olimpo passa então a possuir o trovão e é agora o detentor do símbolo criador e do comando absoluto, que foi transferido da Terra para o Céu.

Como deus do trovão, Zeus assume uma antiga hierofania, a dos deuses celestes criadores e civilizadores, a manifestação do som ou da palavra. Muitos mitos cosmogônicos narram a criação do mundo através do poder da Palavra de um deus. É o poder da palavra que institui o cosmo, porque a palavra tem um aspecto organizador e discriminador. Nomear as coisas é um ato de criação, porque a palavra cria o mundo onde antes havia caos. É pelo poder da palavra que Jeová cria o mundo. No Egito antigo, foi o Grande Vociferador, o Sol-Ganso, que com o som de sua voz criou o mundo. Na Índia, Brahma criou o universo por meio da linguagem e das palavras, sintetizadas pelo verbo e pelos números. Na Cabala, a luz, o som e o número são os três fatores da criação.

O trovão é considerado o atributo principal das divindades celestes. Jeová manifesta o seu poder na tempestade; o trovão é a sua voz e o relâmpago, o seu fogo. O fogo, como representante do falo, também está ligado à palavra. Beame, a divindade suprema das tribos do sudeste da Austrália, fala através do trovão e faz cair a chuva que fertiliza os campos. Outros deuses australianos manifestam a sua vontade pelo trovão, pelo raio, pela aurora boreal, pelo arco-íris, pelo vento. No *Popol Vuh*, o trovão é a palavra falada de Deus, diferente do raio e do relâmpago, que são a palavra escrita de Deus. "Puluga, o ser supremo dos Andamanais, habita o céu; a sua voz é o trovão, o vento o seu hálito; o furacão é o sinal da sua cólera, porque ele pune com o raio aqueles que infringem as suas ordens."[5]

A palavra de Zeus é a palavra úmida que vem junto com a chuva e, por isso, corresponde a uma fertilização biológica e espiritual. É a palavra fecundadora que traz o germe da criação como uma manifestação divina. As Musas, as suas filhas, portanto hipóstases suas, se manifestam na forma de palavras cantadas. E assim o deus chuvoso cumpre a sua função, trazendo a criatividade para os homens através da palavra.

O trovão adquire, além do significado criador, o significado da ordem que é imposta pelo som, pela palavra de um deus. Antes de finalizar a Aliança com Israel e de confiar-lhe o Decálogo, Jeová faz ressoar um grande trovão no céu e na terra, como a sua voz de comando. Segundo o Êxodo (19, 16-20): "Dois dias depois, de madrugada, apareceram sobre a montanha trovões, relâmpagos e uma espessa nuvem acompanhada de um poderoso soar de trompa, e no acampamento todo o povo estremeceu. Moisés conduziu o povo para fora do acampamento, ao encontro de Deus, e mantiveram-se no sopé do monte. O monte Sinai ficou tomado de fumaça, pois Jeová havia descido sob a forma de fogo. A fumaça aí se elevava como numa fornalha, e toda a montanha estremecia violentamente. Havia um som de trompa que se ia ampliando. Moisés falava e Deus respondia sob a forma de descargas de trovão..."

Para os gregos a palavra era o sentido profundo de um ser e o próprio pensamento divino. Para os estóicos, a palavra era a própria razão imanente que ordenava o mundo. De forma geral, a palavra tem um significado criador e simboliza a verdade e a luz, a manifestação desta inteligência divina na criação do universo.

Zeus reúne simbolicamente, como deus da chuva, da tormenta, do raio e do relâmpago, a regência dos quatro elementos cósmicos. Por isso, era conhecido entre os gregos também como Zeus de Dodona, que reunia em si mesmo os quatro elementos e os quatro pontos cardeais. Na Roma antiga, ficou conhecido como Júpiter Mundus.

O deus do Olimpo atesta e reforça, através de todas essas manifestações plenas de significado, o simbolismo do céu como um lugar sagrado de onde se origina o desejo de criação do cosmo, de "transcendência", de "ascensão" e de "centro". É o lugar de onde veio o homem para a sua jornada na terra e para onde ele retorna ao final de seu percurso.

PARTE II

Águas Femininas

CAPÍTULO 1

Tétis: A Senhora das Águas Universais

Tétis, a filha de Urano e Géia, casou-se com Oceano, seu irmão, e foi mãe de mais de três mil rios e das quarentas e uma ninfas do alto-mar, mais conhecidas como as Oceânidas. Estas filhas de Tétis e Oceano personificam os riachos, as fontes e as nascentes.

Tétis ficou conhecida por ter cuidado da deusa Hera quando esta lhe foi confiada por Réia na ocasião da luta entre Zeus e Crono. Mais tarde, Hera, em sinal de gratidão, promoveu a sua reconciliação com Oceano, do qual Tétis havia se separado. Conta-se que Zeus, tendo sido amarrado e preso pelos outros deuses, foi posto em liberdade por Tétis com o auxílio do gigante Egéon.

A morada de Tétis ficava nas extremidades do Ocidente, muito além da região das Hespérides.

155

Tétis (Tethys), a esposa de Oceano e a deusa do mar, não deve ser confundida com a outra Tétis (Thetis), filha de Nereu e de Dóris, considerada a mais bela das Nereidas. Esta filha de Nereu casou-se com Peleu e foi mãe de Aquiles.

Tétis, considerada a mais jovem das titanisas, é uma das filhas do casal primordial, Urano e Géia. Ela, junto com seu irmão Oceano, o representante da potência masculina da água, realizaram o hierogamos do masculino com o feminino, o casamento sagrado, a união das duas forças divinas. E nessa conjunção formaram, à semelhança de seus pais, uma parelha cósmica, o casal primordial, os pais de todos os seres, os "Pais do Mundo", o Deus Pai-Mãe, simbolizando a Totalidade manifestada, o ponto onde se dá o início da criação do universo.

As núpcias sagradas constituem um dos temas arquetípicos mais comentados nas mais diversas tradições religiosas, representando a união dos princípios cósmicos espirituais-materiais fundamentais para a realização do ato da criação. A união do masculino com o feminino, do Yin com o Yang, é a força primordial que dá origem a toda a manifestação da vida.

A concepção de uma Fonte Divina, representando a Totalidade original, que é masculina e feminina ao mesmo tempo e de onde tudo se origina, também revela um antigo conhecimento que se conservou presente na memória da humanidade. O mito, como muitas concepções religiosas, demonstra que o homem conservou a memória de Deus como o único criador universal. Esta idéia de um Deus Pai-Mãe, criador primordial, presente na memória humana, sofrerá, no entanto, várias modificações e interpretações, de acordo com a época ou a cultura. Uma tradição judaica diz que toda a humanidade se originou do corpo de Adão. Esta concepção atribui ao homem um grande potencial criador e mostra o corpo, miti-

156

camente, contendo grandes riquezas e uma grande potencialidade gerativa e criativa.

Oceano e Tétis são uma das inúmeras representações do casal arquetípico ancestral, da mesma forma que Hokhmah-Binah da Cabala, e juntos simbolizam a Totalidade original. Tétis é a Sefira feminina, a Binah, que é chamada o Grande Mar pelos cabalistas. É do hierogamos desses deuses cósmicos que se originaram os três mil rios e as quarenta e uma Oceânidas. Para Homero, os próprios deuses eram filhos desse casal cosmogônico. Esta descendência numerosa mostra o poder procriador contido nessa conjunção e a fertilidade das águas masculinas e femininas. Estas águas possuem o poder de gerar tanto a vida material quanto a vida espiritual, pois elas são o Oceano primordial, a representação da grande Fonte divina original, não apenas da criação, mas também da sabedoria do espírito que interpenetra a matéria, fecundando-a e iluminando-a com a luz espiritual do conhecimento.

Tétis é a Água-Mãe, e seu consorte e irmão, o Oceano, é a Água-Pai universal. Unidos, eles simbolizam a força criadora e geradora que está presente em tudo. As águas masculinas e femininas são a expressão simbólica da união universal das potencialidades contidas na Fonte universal, na Totalidade, o Tao da filosofia chinesa, o "rotundum" alquímico, o ovo cósmico e o Círculo Perfeito.

Estas imagens da Totalidade aparecem nas mais diversas culturas e revelam resquícios de uma memória ancestral e a tentativa do homem de conceituar e de formalizar a sua intuição da Totalidade e de Deus, presentes antes da criação do cosmo e depois da criação deste. Esta Totalidade que tudo origina tem uma significação aproximada à da *arké* dos gregos, o princípio de tudo aquilo que vem a ser, que origina todas as coisas, e à do Ain-Sofh da Cabala, a plenitude infinita, onde os opostos estão unidos eternamente. Mas, como o Ain-

Sofh é o "Infinito", a realidade suprema ainda não-manifesta, é por isso mesmo indescritível. Assim, estando além de qualquer descrição, o que se consegue é apenas, diziam os cabalistas, aproximar-nos ou obtermos uma equivalência de sua verdadeira essência.

Os místicos judeus descreveram o Ain-Sofh como o "nada divino", a Primeira Causa, o ponto a partir do qual emanou toda a criação. O *Livro do Esplendor*, o *Sefer ha-Zohar*, escrito no século XIII, descreve o processo criativo inerente ao Ain-Sofh antes da manifestação do único ponto de Luz. No século XVI, o grande místico judeu Isaac Luria efetuou uma mudança na cosmologia judaica. Ele dizia que antes da criação o universo estava preenchido com Ain-Sofh, a "Luz Infinita". Quando Ain-Sofh desejou criar, ele contraiu a Luz Infinita para um único ponto e essa contração criou o espaço primordial.

Esta realidade suprema e infinita que criou o espaço primordial pode ser aproximadamente relacionada com o deus Oceano e sua esposa Tétis. Juntos, eles são os representantes gregos do ponto inicial de todas as coisas e da primeira manifestação divina visível. Estes deuses equivalem, simbolicamente, aos Sefirot, as emanações do Ain-Sofh feitas visíveis.

Oceano e Tétis são os canais, os Sefirot, as emanações por meio das quais o Deus transcendente torna-se imanente no mundo. A manifestação imanente, materializada na forma feminina desta Totalidade divina, é Tétis. Ela é a polaridade Yin, a energia cósmica feminina, o aspecto úmido fertilizador do lado maternal.

A deusa do Oceano simboliza, em linguagem mítica, o redondo urobórico, a Totalidade que contém todas as sementes potenciais, o espaço uterino, o ventre primal materno, porque ela é uma água feminina e sua função é a de ser vaso, a de dar continência ao processo criativo. A Uroboro ou a serpente mítica aparece representada como um atributo fálico das deusas femininas ou como companheira delas, mostrando esta origem urobórica arcaica das deusas-mães. Tétis, como a representação das águas primordiais, da água urobórica, simboliza a serpente mítica da fertilidade, que fecunda a si mesma porque é masculina e feminina ao mesmo tempo. Erich Neumann, traduzindo isso em termos psicológicos, diz: "Este redondo e essa existência do redondo, a existência na Uroboro, são a auto-representação simbólica do estado inicial, mostrando tanto a infância da humanidade quanto a da criança."[1]

É enquanto matéria-prima, enquanto água primeva e enquanto polaridade feminina da Uroboro que o arquétipo de Tétis possibilita a passagem da potencialidade para a realização do mundo em forma atualizada. É enquanto representação da polaridade feminina do Oceano primordial, do mar das origens, que Tétis simboliza o princípio de todas as coisas, a fonte universal feminina da criação e também a primordial sabedoria da natureza e do conhecimento ancestral. Encarnando a qualidade de polaridade maternal da Uroboro, Tétis é a representação da mais arcaica imagem da Grande Mãe, pois ela é uma Grande Mãe urobórica.

O mar e a terra, como receptáculos da semente da vida, simbolizam a mãe no sentido mais primordial. É por isso que todas as antigas deusas-mães são também deusas da fertilidade. A grande deusa celeste egípcia Hator, sob a forma de vaca, representa não só o oceano primordial como também o oceano celeste.

Neste sentido mítico, Tétis simboliza o ser feminino primordial que concebe, gera, dá nascimento, nutre, preserva e cuida. As narrações míticas contam que foi a Tétis que Réia confiou Hera para livrá-la de ser engolida por Crono. O arquétipo da Água-Mãe, na sua polaridade positiva, detém as qualidades de nutridora, protetora, doadora, auxiliadora, propiciadora de prazer, de conforto e de bem-estar. Assim diz

Neumann: "A Uroboro do mundo maternal é vida e psique numa só coisa; fornece alimento e prazer, protege e aquece, conforta e perdoa."[2]

É do corpo de Tétis, é do seu grande ventre cósmico, do mais profundo recesso de suas entranhas que se originou a multiplicidade de todos os seres; é do seu corpo-mana que emergiram todos os processos de exteriorização, do não-manifestado para o manifestado, do pré-formal para o formal, do atemporal para o temporal. Tétis dá nascimento, alimenta e cuida de toda a vida de seus filhos. A imagem de Tétis como a Grande Mãe, que dá origem à criação, é o correspondente feminino e maternal do "Homem Cósmico", representante do Self e de Deus, de onde tudo se origina. Ela é a Grande Mãe cósmica. Como diz Lao Tsé, no *Tao Te King*:

O espírito do vale não morre
Aí reside a obscura fêmea;
na porta da obscura fêmea
encontra-se a raiz do universo.

Sutil e ininterrupto, parece perdurar;
a sua função jamais se esgota.

Tétis é uma Grande Mãe primordial, é a representação da polaridade feminina do Self e, por assim ser, é quem fornece a matéria embrionária para a criação. Tétis é a genitora universal, enquanto Oceano é o genitor universal. As narrações míticas dizem que é do corpo de um ser primordial divino, que pode ser masculino ou feminino, que nasce toda a vida do cosmo. Na China, foi do corpo de Pan' Ku que se originaram todas as coisas: o sol, o vento, a chuva, as montanhas, etc. Neumann diz: "Não apenas o sêmen, mas também a urina, a saliva, o suor, as fezes e o hálito, as palavras e as ventosidades, estão carregadas de criatividade. De tudo isto, nasce um mundo; toda esta exteriorização é nascimento."[3] Melanie Klein descreveu as fantasias da criança sobre o corpo da mãe, imaginando-o como o receptáculo de riquezas e de tesouros escondidos onde estão guardados os bebês que virão a nascer futuramente.

Tétis é uma Magna Mater, uma Grande Mãe Cósmica, a representação feminina da água como matriz uterina, como ventre criativo. Ela é a água primeva, o grande útero que dá origem ao mundo e a todos os seres. Nas tradições judaica e cristã, a água é símbolo do primeiro lugar, a origem da criação. Ela é a semente, o "mem" (M) que simboliza a água sensível, a *matrix*, o útero do qual tudo se origina. O "M" é considerado a mais sagrada de todas as letras porque simboliza o grande Oceano Cósmico, a água em sua origem, que é masculina e feminina.

Como a mãe primordial, Tétis é plasticamente representada pelo fundo do mar, pelas fontes, lagos e lagoas, que também são os seus filhos. Como diz Neumann: "Tudo o que é grande, envolvente e que contém, circunda, envolve, protege, preserva e nutre qualquer coisa pequena pertence ao reino maternal primordial."[4]

É por ser uma das representações do arquétipo da Grande Mãe que Tétis está ligada à fertilidade e à abundância da natureza, ao impulso de fazer crescer e de cuidar. Por meio da matéria que a constitui, propicia a fecundidade a tudo que tem possibilidade de crescer, pois ela é, essencialmente, uma deusa ligada às origens primordiais, ao movimento ordenativo e construtivo que despontou do caos no início dos tempos. A natureza da esposa de Oceano é constituída de água e essa é a matéria-prima para a fertilidade, a formação da vida, a garantia de sua abundância, da estabilidade e da manutenção do próprio fluxo vital.

Se as águas masculinas representam o poder fálico criador e construtor do masculino e portanto um símbolo do pai, as águas femininas representam o poder feminino de conter, fazer crescer, transformar e possibilitar o crescimento das formas, um símbolo da mãe e a representação do lado maternal do Self. A água feminina é a força divina primordial, a expressão material que dá forma à vida. Tétis é o Logos feminino, o poder feminino da natureza, a natureza numênica e fenomenal.

A água simboliza o ventre materno como um espaço onde se realizam os grandes nascimentos e as grandes mudanças; por isso, foi comparada pelos alquimistas a um laboratório, a um lugar de transformações. O corpo da mãe como um vaso é um motivo arquetípico universal. O vaso se tornou não só um símbolo para o feminino maternal, mas também um atributo e um substituto simbólico das Grandes Mães.

Muitas deusas arcaicas, desde a idade da pedra, são representadas, no seu caráter primordial, como vasos. Um exemplo bastante conhecido é a famosa Vênus de Willendorf. O útero e os seios são vistos como as regiões centrais desse vaso feminino nutridor e dispensador de vida. É porque o útero feminino possui o caráter numinoso criador que o vaso, por extensão do significado simbólico, adquire também uma qualidade numinosa. Daí se pode entender a atribuição sagrada que os povos antigos davam aos vasos como objetos que contêm a força criadora divina e, portanto, sagrada.

O arquétipo feminino, no seu aspecto maternal, é universalmente representado como um vaso-útero que contém todos os alimentos e é capaz de nutrir a todos. O vaso assume a função de motivo central que representa a natureza essencial do arquétipo feminino maternal como contenedor, nutridor, protetor e aquele que propicia os nascimentos. Ele é a representação do lado nutridor maternal do Self, como Fonte Universal criadora e dispensadora de bens.

O simbolismo do vaso maternal, além do caráter imanente, possui também um caráter espiritual transcendente, na forma de vaso da transformação espiritual. O vaso da abundância é um motivo simbólico bastante familiar à maior parte das tradições culturais. Na Cabala, é num vaso que é guardado o tesouro. Desta forma, apoderar-se de um vaso tem o sentido de conquista de um tesouro. E quebrar um vaso adquire o significado de desvalorizar o tesouro que ele representa. Na literatura medieval o vaso também contém um tesouro (o Graal, as Litanias, etc.). Na alquimia, o vaso é onde está guardado o elixir da vida, é no seu interior que se operam as transformações.

Seguindo esse pensamento, Tétis é o grande vaso maternal, o útero cósmico aquoso, receptáculo de energias poderosas, o lugar dos nascimentos e dos renascimentos, das grandes transformações. O útero ou *matrix* é o símbolo da fecundidade da natureza e da regeneração espiritual. O cosmo se origina, se alimenta e se regenera nessa grande *matrix*, que é o ponto de partida e de retorno. O interior do corpo de Tétis é arquetipicamente semelhante ao inconsciente coletivo, ao mar, onde os processos vitais se desenvolvem no silêncio e na escuridão. Como mais uma vez diz o *Tao Te King*:

O Tao é como um vaso
que o uso jamais enche.
Assemelha-se a um abismo,
origem de todas as coisas do mundo.

O corpo-vaso da mãe é a representação do Self como um lugar de origem, do desconhecido e do insondável; assim se explica ter sido sempre cercado de tantos mistérios. O corpo das deusas-mães é um lugar sagrado e numinoso, pois encerra o significado de lugar divino de origem da vida. Por essa razão, muitas partes do corpo feminino, como o útero e o seio, são vistos como centros carregados de significado simbólico sagrado.

A imagem da mulher como um todo possui um grande valor espiritual, pois representa a Grande Deusa-Mãe, o lado feminino do Self, e assume naturalmente uma forma de manifestação do sagrado, de hierofania. Na arte, a valorização das imagens que representam a mulher, como, por exemplo, a Vênus de Milo, a Mona Lisa e as Madonas, não se deve somente a seu aspecto estético, de perfeição formal, mas ao caráter arquetípico e espiritual do feminino que essas imagens revelam. As imagens que contêm em si uma forte valência arquetípica são capazes de transmitir este significado independentemente de outras valorizações culturais ou de mercado.

A humanidade sempre viu a arte da confecção de vasos como uma função que pertence mais à mulher, aos mistérios do mundo feminino, porque o vaso é a representação do corpo feminino e está ligado ao mesmo mistério da transformação do sangue em leite, que ocorre no interior do corpo da mulher. O útero é um lugar de mistério, onde é gestado e adquire forma um novo ser; é um lugar de preparação e de iniciação de uma nova vida. Os lugares iniciáticos se assemelhavam simbolicamente ao útero, como o interior das montanhas e as cavernas, onde o adepto era preparado para o novo nascimento.

Geralmente, nos mitos, o herói, depois de ter vivido uma vida plena de realizações, ou morre ou volta para casa e inicia uma nova vida. Um mito polinésio conta que o herói Mani volta a sua pátria depois de ter enfrentado muitas aventuras e de ter se saído vitorioso. Ele volta para a casa de sua avó, a Grande Dama da Noite (Hi-ne-nui-te-po), e encontra a gran-

164

de senhora adormecida. O herói se despe para penetrar em seu ventre e iniciar o seu processo iniciático, o seu retorno ao centro de onde veio. A entrada no útero da mãe é um regresso à totalidade, um tipo de morte simbólica, iniciática, que prepara para um novo nascimento.

A nova vida é engendrada no corpo da Grande Mãe. Em muitos mitos, o herói, encerrado numa arca ou caixa, tem que empreender uma viagem noturna pelo mar e depois desembarcar numa praia distante, onde começará uma nova vida. O ventre da mãe é o lugar das brumas, é o lugar do não-manifestado, do aquém e do além.

À semelhança de seu esposo, Tétis representa um tipo de centro, de ponto central, o Self, de onde tudo se originou. Ela é também o grande círculo, o vaso para onde tudo deve retornar, o ventre da Mãe. Sair do Tao, do Self, da totalidade, é compreendido como o início de uma vida, e voltar ao Tao é compreendido como uma morte simbólica, a reintegração na Totalidade, na Fonte universal onde tudo se originou — um renascimento. Na Cabala, Binah não é somente o ventre da Grande Mãe de onde tudo se originou, mas é também o "Retorno". E, de acordo com o Zohar, Binah é a amada, para quem todos retornarão no fim dos tempos.

Da união de Oceano e Tétis, representantes da Totalidade, se originaram os rios, e para o Oceano eles retornam, isto é, para o Self, para o ventre da Mãe. Tétis dá nascimento mas também faz com que os filhos retornem ao seu útero, que tanto é um útero de vida quanto um útero de morte. A morte é então compreendida como o caminho espiritual de volta para casa, como um retorno à Fonte original, ao Self. Nascer é morrer e morrer é nascer. Como diz Lao Tsé:

Sair é viver.
Entrar é morrer.

Na sua qualidade de água maternal, Tétis não é só o útero que dá origem e para onde tudo retorna, mas é também o grande seio cósmico que alimenta, a grande fonte nutridora universal. O seio é concebido como um vaso, a representação do aspecto nutridor do Self, do feminino, que propicia alimentação a tudo o que é vivo. Tétis, como a água maternal, não tem só a capacidade de conter, mas também de nutrir e transformar, porque todas as coisas criadas precisam ser alimentadas para poder crescer e se transformar.

O seio é antes de tudo um símbolo feminino da maternidade: o vaso como lugar de continência, nutrição, aconchego, proteção e cuidados. É uma espécie de grande receptáculo que é capaz de proteger, cuidar e alimentar. A experiência do arquétipo feminino como seio nutridor aparece largamente representada na arte de todos os povos, principalmente no motivo de vasos de cerâmica com seios, que é amplamente difundido.

As grandes deusas-mães são representadas como vasos sagrados, pois são as senhoras das águas superiores e inferiores. As águas superiores são a representação do leite, como a chuva sagrada que flui do seio da Grande Mãe, da parte superior de seu corpo. E as águas inferiores brotam da parte inferior do corpo da Grande Mãe, saem do útero da terra. Como diz Neumann: "A Grande Deusa, como um todo, é um símbolo da vida criativa, e as partes de seu corpo não são órgãos físicos, mas centros simbólicos numinosos que pertencem a todas as esferas da vida. Por esta razão, a representação da Grande Deusa, a exposição de seus seios, de seu ventre ou do seu corpo inteiro nu, é uma forma de epifania divina."[5] A tradição cristã também vê o seio como símbolo de um lugar espiritual e sagrado para designar o acolhimento espiritual do Self, encontrado na morte, e o chama de o seio de Abraão, o lugar de repouso dos justos.

O seio como símbolo arquetípico feminino tem uma relação natural com outros símbolos, como o leite e a vaca. O leite é o alimento que flui do corpo da mãe e a água contém o significado de leite, de alimento que flui do corpo de Tétis. O leite é o primeiro alimento, a primeira bebida, e o símbolo da abundância, da fertilidade divina da Grande Mãe. Na experiência humana, as grandes deusas-mães são comparadas simbolicamente a vacas sagradas que alimentam a terra com o leite do seu seio, que é a chuva. A vaca torna-se então, em algumas culturas, um símbolo da mãe primordial. No panteão egípcio, tanto Nut quanto Hator são representadas como vacas. Nut é a mãe de todos os astros e do Sol, e Hator é também vista como a mãe celeste do Sol, símbolo de fertilidade, de riqueza e de renovação. Na Índia existe uma veneração muito forte em torno da vaca que representa o arquétipo da mãe fértil, doadora de vida e de alimento.

As águas são assim a representação do alimento que sai do corpo de uma grande deusa-mãe, o seu leite que alimenta toda a vida. A mulher é essencialmente feita de água. Na carta do Tarô de Waite, as roupas da Suma Sacerdotisa fluem para a água e tornam-se água. A água, como o leite que flui do corpo de Tétis, é também o alimento da vida espiritual, do conhecimento ancestral. O leite pertence simbolicamente à esfera da alimentação e da transformação espiritual.

O leite é, por todos esses motivos, considerado um alimento sagrado e divino. "Para Dionísio, o Areopagita, os ensinamentos de Deus são semelhantes ao leite, em virtude de sua energia ser capaz de causar o crescimento espiritual."[6] É por sua qualidade de alimento espiritual que o leite tem o poder de regeneração e de conferir a imortalidade. O leite, como a água, é um equivalente da bebida da imortalidade. Héracles bebe o leite da imortalidade no seio de Hera. Entre os celtas, o leite é concebido como a bebida da imortalidade. Nos textos órficos, o leite não é só o alimento, mas o próprio lugar da imortalidade. E no Islã o leite teve sempre um caráter simbólico iniciatório.

O arquétipo feminino, na sua totalidade, rege tanto o caráter mais elementar da vida quanto a esfera mais espiritual. Tétis é a Senhora das Águas, propiciadora da sabedoria espiritual que se origina das suas profundezas. Tétis é a grande porta, o meio de acesso para o mundo dos produtos gerados, para a caverna das riquezas potenciais escondidas. E é através desta abertura que os potenciais criativos se exteriorizam. A porta é sempre o local de passagem entre duas realidades, entre o conhecido e o desconhecido, entre o mundo profano e o mundo sagrado, entre a luz e as trevas.

Muitas imagens de deusas-mães são representadas com ênfase na zona genital para ressaltar os aspectos simbólicos de passagem, de porta de entrada e saída para o mundo interior e exterior. Ta-Urt é a deusa egípcia que guarda os portais do mundo inferior. Os genitais femininos representam a porta de origem, o lugar de onde viemos. A vagina mostra o aspecto da sexualidade ligada à fertilidade, que também pertence ao domínio das Grandes Mães. Existem muitas representações figurativas de Grandes Mães, desde o Egito, a Grécia, a Síria e a Palestina até o sul da Europa, onde a região pubiana triangular é salientada. O triângulo com a ponta para baixo simboliza a água e o sexo feminino; com a ponta para cima, é símbolo do fogo e do sexo masculino. Os dois triângulos unidos significam a união do masculino com o feminino, do céu com a terra e de Deus com os homens, e, portanto, são um símbolo da criação através da conjunção de dois princípios.

A vagina representa esta porta da vida e da morte, a abertura por meio da qual se realizam os nascimentos de uma condição de vida para outra, da terra para o céu e vice-versa, e é um domínio da Grande Mãe. Na África, entre os bamba-

168

ras, a vagina é chamada de "a grande mãe bonita" e é o símbolo da abertura às riquezas secretas, aos conhecimentos ocultos que podem vir a se exteriorizar. O seu significado se assemelha ao da fonte e da goela. Entre os gregos, a personificação mítica da vagina é a deusa Baubo.

Os símbolos da mãe — a água feminina, o mar, o útero, o seio, o leite e a vagina — podem também adquirir um aspecto negativo quando assumem uma qualidade devoradora, regressiva e possessiva, que impede o crescimento e o processo evolutivo. O arquétipo da Grande Mãe na sua polaridade negativa, quando dissociado do sentido evolutivo espiritual do Self, adquire as qualidades da Mãe Terrível, da mãe que sufoca, afoga, envenena e mata. O arquétipo feminino, quando apartado do sentido espiritual evolutivo, perde as qualidades de proteção e de nutrição e se transforma no útero e no seio de qualidade negativa, que não mais alimentam, mas que levam à morte. A mãe possessiva da experiência real humana, que não permite que o seu filho se desenvolva e se torne independente, encarna o arquétipo da Grande Mãe devoradora e terrível.

Estas grandes deusas-mães representam o grande círculo de renovação da vida e da morte, "o reino das mães", como o chamava o Fausto de Goethe. De modo muito profundo, a vida está sempre ligada à morte, como transformação. Como disse Jung, em *Símbolos da Transformação*: "Tudo o que é vivo emerge da água, como o Sol, e no fim do dia torna a nela submergir-se. Nascido das fontes, dos rios e dos mares, o homem na morte chega às águas do Estige para iniciar a 'viagem noturna pelo mar'."[7]

Assim, a água que é fonte de vida também é o lugar da morte no sentido mais positivo, como símbolo de renovação, pois possibilita a transformação e o renascimento. Mas a água pode perder o seu aspecto positivo criador quando se afasta do projeto evolutivo do Self e se torna destruidora, adquirindo um caráter regressivo. A *solutio* torna-se então *mortificatio*. O dissolver não tem mais a finalidade de recriar, de regeneração, mas a de morte degenerativa. A Grande Mãe doadora de vida pode se tornar também a senhora da morte, da destruição. O arquétipo da Grande Mãe pode assumir um desdobramento em Mãe Bondosa, Mãe Terrível e Mãe Bondosa-Terrível. Como diz Neumann: "A Deusa-Mãe egípcia como abutre dá proteção e abrigo, mas ela é, ao mesmo tempo, aquela que traz a morte, a deusa da morte, devoradora de cadáveres."[8] Os mistérios da morte pertencem à polaridade da Mãe Terrível e assumem a característica de devoração, aprisionamento que engole o filho de volta ao seu útero.

Este aspecto devorador do útero feminino foi associado, em algumas culturas, a outro símbolo de caráter negativo, o da *vulva dentata*, ou vagina dentada. A vulva feminina adquire o significado de porta da morte ou de boca devoradora. A boca, como o órgão que tem a função de ingerir, assume então a qualidade de símbolo de agressão, possessão e devoração, características da polaridade negativa do arquétipo feminino. O vaso uterino se torna a tumba que engole, sufoca e dissolve. As entradas profundas e escuras que levam para o interior de algum lugar representam a entrada da vagina e do útero no seu caráter negativo e simbolizam o lado negativo do arquétipo materno, a Grande Mãe Terrível.

A Grande Mãe, a senhora do vaso, distribuidora da vida, é ao mesmo tempo o grande vaso do mundo inferior para onde as almas retornam e de onde saem novamente para uma nova vida. Entrar e sair do útero representa a emergência de uma cosmogonia, a criação do mundo. No Egito, este tema mítico foi simbolizado pela Deusa Nut, a deusa do renascimento e da morte. Nut como deusa da morte toma a forma de

Nuit, o céu escuro que é identificado, na imaginação humana, ao aspecto devorador da terra e da água.

Na Grécia, Afrodite também foi muitas vezes relacionada à morte, mas à morte como ultrapassagem da condição humana, da carne, e como libertação do espírito. Em alguns sarcófagos, ela aparece de tronco nu com uma pomba nos pés, simbolizando a ligação da vida com a morte e mostrando que é necessária a morte de uma condição para poder se adquirir o acesso a outra. Através do símbolo da pomba, Afrodite relembra ao homem que ele possui um lado espiritual imortal. A pomba representa o princípio vital e espiritual do homem. Na iconografia cristã, o Espírito Santo é representado como uma pomba. A pomba representa também a Shekiná dos judeus.

Tétis como a Genetrix, aquela que gera e alimenta, pode também adquirir o aspecto negativo de mãe devoradora, que impede o desenvolvimento psíquico e espiritual. Esta deusa, no seu lado negativo, expressa os aspectos mais profundos e escuros do inconsciente, o lado abissal da psique e da vida, o impulso de Tânatos, que leva o homem a negar o seu aspecto criador e evolutivo e a se identificar com o lado destrutivo e monstruoso.

Em todas as culturas, o aspecto escuro e negativo da Grande Mãe Terrível geralmente toma a forma de monstros. Na Grécia, a Górgona, a Medusa, as Fúrias, as Harpias, as Erínias são as representações dos aspectos possessivos e devoradores da Grande Mãe Terrível. Na Índia, a representação da Mãe Terrível tomou a forma da deusa Kali, a escura. Ela aparece vestida de vermelho, cor de sangue, de pé em um barco que navega em um mar de sangue. No relato do Apocalipse, Babilônia é a expressão da figura da mãe terrível, que induz as pessoas à prostituição e as embebeda com o seu vinho. No Egito, Hator, na forma de hipopótamo, é a deusa do mundo inferior, da guerra e da morte. "A mãe que deseja a posse de seu filho simbolicamente se assemelha à Equidna, à Górgona e à Medusa, ou a qualquer uma dessas representações da Grande Mãe Terrível."[9]

O impulso regressivo toma a forma de incesto urobórico quando o desejo é de dissolução no oceano do prazer absoluto. Neumann diz: "Muitas modalidades de nostalgia e de saudade não significam senão um retorno ao incesto urobórico e à autodissolução, abarcando desde a *unio mystica* do santo até o anseio de inconsciência do beberrão, passando pelo romantismo do anseio da morte das raças germânicas. O incesto que qualificamos como urobórico é auto-entrega e regressão. É a forma de incesto do ego infantil, que se acha muito próximo da mãe e ainda não alcançou a si mesmo; mas o ego enfermo do neurótico também pode assumi-la, assim como o pode um ego posterior exausto que se apega outra vez à mãe depois de ter alcançado a sua realização."[10] Da mesma forma, a vivência exagerada dos sentidos, o excessivo apego ao mundo das contingências materiais, que elimina qualquer vivência do lado transcendente, pode ser considerado como um processo involutivo.

Mas o tema arquetípico de regresso ao útero, como todo símbolo, não possui somente o pólo negativo, pois tem também uma valência espiritual e cosmogônica positiva. O regresso ao útero, às águas primordiais ou à Totalidade se refere à necessidade de se dissolver, perder a forma atual para poder ser regenerado e recriado espiritualmente. Para os alquimistas, a *solutio* significava o retorno da matéria diferenciada à sua indiferenciação original, à *prima materia*. Eles consideravam a água como o útero e a *solutio* como uma espécie de retorno ao útero com a finalidade de renascimento. Por isso o velho rei submete-se à *solutio* do afogamento, para poder entrar no reino de Deus e assim renascer de novo.

Penetrar no ventre materno equivale, nas narrações míticas, a um regresso ao instante primordial, ao inconsciente, à noite anterior a qualquer criação, ao Grande Silêncio. E tem o significado da passagem da terra ao céu, do domínio do profano para o domínio do sagrado, do estado humano ao estado além do humano, do mundo contingente ao mundo imortal, do mundo sensível ao mundo além dos sentidos, do mundo material ao mundo espiritual.

O retorno ao útero corresponde simbolicamente a uma viagem iniciática de volta ao lugar da revelação, da presença real da Divindade. A morte iniciática representa este regresso ao pré-formal, ao incriado, para poder se tornar possível o nascimento do novo homem espiritual.

Tétis, como a representação do útero oceânico da Grande Mãe, é a porta que permite a passagem de uma realidade para outra, da terra para o céu, do manifestado para o não-manifestado.

CAPÍTULO 2

As Ninfas

A etimologia da palavra ninfa, segundo Junito de Souza Brandão, é obscura. Comumente, ninfa tem o significado de moça jovem em idade de casar ou a jovem casada. Ninfa é também o nome genérico que se dá às divindades femininas secundárias da mitologia, aquelas divindades que não habitam o Olimpo. Essencialmente ligadas à terra e à água, simbolizam a própria força geradora desses elementos.[1] Não eram imortais mas possuíam vida muito longa, algumas chegando a viver dez mil anos.

Da união de Oceano e Tétis nasceram as Oceânidas, ninfas dos oceanos e mares; Nereu, o velho do mar, casou-se com Dóris, e foram eles os pais das Nereidas, ninfas também dos mares; os Rios geraram as Potâmidas, ninfas dos rios, as Náiades, ninfas dos ribeiros e riachos, as Crenéias e Pegéias, ninfas das fontes e nascentes, e as Limneidas, ninfas dos lagos e lagoas.

Além destas ninfas do elemento aquático, fala-se das ninfas telúricas, as Epígias, que são: as Napéias, ninfas que habitam vales e selvas; as Oréadas, ninfas das montanhas e coli-

174

nas; as Dríadas e Hamadríadas, ninfas das árvores em geral, mais especificamente do carvalho, que é a árvore consagrada a Zeus. As Dríadas e Hamadríadas nasciam com a árvore e faziam parte de seu destino, ocupavam o interior das árvores e morriam quando estas eram cortadas ou feridas. É por essa razão que se costumava fazer sacrifícios propiciatórios antes de se abater uma árvore. No mito é freqüente aparecer as Hamadríadas pedindo ajuda a um herói para evitar que cortem a sua árvore.

Um tipo especial de ninfas são as Melíades, as ninfas dos freixos, que, segundo Hesíodo, nasceram do sangue derramado de Urano que caiu sobre a terra. As ninfas celestes tinham o nome de Urânias. E havia ninfas até no inferno.

Algumas ninfas ficaram famosas na mitologia, como Líríope, a mãe de Narciso; Eco, que morreu ao ser rejeitada por Narciso; Nisa, uma das ninfas que ajudaram a criar o deus Dioniso; Eurídice, a dríada, esposa de Orfeu; Pirene, a filha do deus-rio Asopo, que foi transformada em fonte; Tiro, famosa por ter sido amada por Héracles; Maia, a mãe do deus Hermes; Métis, a Nereida que foi a primeira esposa de Zeus; Clímene, que, unida a Hélio, foi a mãe de Faetonte; Níobe que foi transformada em um rochedo que vertia lágrimas intermináveis, etc.

Dizia-se que a presença das ninfas podia perturbar o espírito de quem as via, podendo mesmo acontecer que o indivíduo fosse tomado de um estado chamado de "entusiasmo ninfoléptico". A hora da hierofania das ninfas era ao meiodia, o momento em que elas mais gostavam de se manifestar. Antigamente, aconselhava-se não se aproximar, nessa hora, de fontes, lagos, nascentes e da sombra de determinadas árvores que lhes pertenciam.

"Belas, graciosas e sempre jovens, foram amadas por muitos deuses, como Zeus, Apolo, Dioniso e Hermes."[2] Muitas ninfas se uniram a imortais e mortais e foram mães de deuses e de grandes heróis, como Maia, que foi mãe de Hermes. Quando se apaixonavam por um mortal, costumavam raptá-lo, como aconteceu com Hilas, ou fundiam-se com ele, como Sálmacis com Hermafrodito; ou murchavam como Eco, que, por ter sido rejeitada por Narciso, se transformou em um rochedo.

As ninfas eram consideradas intermediárias entre os deuses e os homens. Estavam sempre presentes no cortejo de Dioniso e viviam na companhia de Zeus e de Hera.

Dizem que as ninfas são belas! Em qualquer descrição mítica sobre as ninfas, esta é uma característica geralmente ressaltada. As ninfas representam o feminino na qualidade de beleza, receptividade, leveza, fluidez e evanescência. A beleza é o equivalente simbólico da perfeição divina. Ser belo, no sentido mítico, tem o mesmo significado de ser perfeito. A beleza é um atributo que pertence a Deus e às divindades. As ninfas são, portanto, seres que participam da beleza e da perfeição divina, porque elas são a alma de Deus manifestada. Elas são a expressão da perfeição de Deus como beleza no seu aspecto feminino. Na poesia islâmica, o feminino simboliza a beleza divina.

Nas narrações míticas, quando um mortal, por excesso de vaidade, se julga mais belo que os próprios deuses, ele comete uma ultrapassagem do *métron*, incorre na *hybris* e, por isso mesmo, é punido. O ego comete uma falta contra os deuses quando se apropria do poder ou de uma qualidade que pertence ao Self. Ele comete um descomedimento quando não reconhece a sua subordinação a este poder maior. A inflação egóica tem sempre o caráter de falta contra o Self. Mas é também através do reconhecimento desta falta e do seu arrependimento que o indivíduo corrigirá a sua desmedida e buscará o seu desenvolvimento e o seu verdadeiro aperfeiçoamento espiritual.

O ego, no seu processo de fazer consciência, deve reconhecer a sua essência divina interna, a sua beleza, e saber que ele próprio, como individualidade, é um veículo para a manifestação da totalidade do Self. O "conhece-te a ti mesmo", a inscrição do portal de Delfos, é freqüentemente interpretado como o "reconhecimento da medida de cada um", mas é traduzido de forma diferente por Platão; para ele, "conhecer a si mesmo" significa reconhecer a própria divindade dentro de si mesmo, esforçando-se para chegar o mais perto possível da perfeição e da beleza dos deuses. Através desta compreensão o ego corrige a *hybris*, a sua falta, a sua desmedida, devolvendo ao Self aquela qualidade da qual o tinha expropriado; e, ao mesmo tempo, faz o reconhecimento de que ele mesmo é uma parte da totalidade. Dessa forma, o ego toma consciência do seu potencial divino interno de criatividade e sabe que pode alcançar a realização de muitas coisas. O reconhecimento do Self como a parte divina de cada um ajuda o ser a superar os sentimentos de falta, impotência e castração. Os deuses, como representantes do Self, são os fundamentos de todas as possibilidades humanas. Como disse Hesíodo, o mundo humano é o devir dos deuses. É a sua teogonia, no sentido grego.

A busca da beleza como perfeição espiritual foi sempre um ideal heróico. E tem o significado do desejo humano de transcendência e de aspiração a uma evolução psicológica e espiritual que pressupõe o reconhecimento e a superação das faltas, dos erros e das limitações humanas. É um caminho longo e que exige o máximo de atenção, de consciência e de *ethos* da parte daquele que o deseja percorrer.

A busca da beleza espiritual não pode ser confundida com a busca da beleza profana, mundana, que é narcísica, porque orientada por um ego frágil que não superou os sentimentos de inferioridade. Quando o indivíduo supera os sentimentos de inferioridade e de castração e adquire auto-estima, ele pode reconhecer o seu potencial interno como uma dádiva do Self e se reconhecer como um veículo para a manifestação deste. Desta forma, assume a responsabilidade pela sua função e pelo seu desenvolvimento.

O mito diz que quando o indivíduo, o *hypocrités*, toma consciência de que tudo que ele fizer estará fazendo contra si mesmo, ele assume a responsabilidade de sua vida, de seu desenvolvimento, e supera a condição de *ánthropos*, de homem comum, inconsciente, tornando-se então um *áner*, um iniciado, um herói, aquele que se diferenciou dos demais pela consciência e pela aspiração a uma evolução; por isso mesmo, pode buscar o seu desenvolvimento de forma mais independente.

O herói é aquele que desenvolveu um tal nível de consciência que se torna capaz de assumir a responsabilidade sobre seus pensamentos, seus sentimentos, suas ações e suas palavras, e é essa compreensão que o diferencia dos demais. É pelo seu *ethos*, o conhecimento de sua responsabilidade, que ele transcende a condição do indivíduo comum. E, por ter uma vida "exemplar", ele se torna um modelo a ser seguido. O herói é, portanto, aquele que ingressou numa condição superior de consciência e de conhecimento, ascendeu à condição de bem-aventurança, se fez imortal e, assim, passou a participar da condição de beleza e de perfeição divina. Como a divindade é definida pela luz, é portanto pela luz, pelo conhecimento e pela consciência que o homem se aproxima da perfeição de Deus.

O processo iniciático do herói mítico é a metáfora daquilo que Jung descreveu como o processo de individuação, e é tanto psicológico quanto religioso. É um caminho de responsabilidade consciente com cada um de seus atos. Aquele que se dedica verdadeiramente à sua individuação sabe que esta exige a superação de suas faltas através da consciência alerta e aguda, pois o confronto com a sombra, com o lado mais obscuro da personalidade, é um processo longo e difícil que requer uma atitude de honestidade e de ética.

A participação do ego na Totalidade, na beleza e na perfeição de Deus exige o reconhecimento deste poder maior interno, o reconhecimento do Self, isto é, do Deus interior, que, mais do que a própria consciência, orienta o desenvolvimento e a evolução. Por isso tudo, Jung viu a individuação como um longo processo psicológico ligado ao desenvolvimento simultâneo de uma consciência religiosa e ética. A individuação exige o desenvolvimento simultâneo da receptividade do ego aos desejos do Self, o relacionamento com o deus interior que o guiará nas suas ações externas.

No mito, as ninfas aparecem freqüentemente ligadas à educação dos heróis. A maior parte dos heróis gregos foram educados por ninfas. Elas participam ativamente do processo de individuação, pois educam as crianças e ensinam-nas a tornarem-se heróis. Às ninfas cabe este papel de intermediárias entre o ego e o Self. Elas preparam o ego para se tornar receptivo aos desejos do Self e, como tal, elas atuam como psicopompos, como os guias e os elos necessários para a manifestação dos potenciais criativos da individuação, tendo o ego como veículo.

As ninfas são as representantes dos desejos do Self. É na qualidade de psicopompos, de condutoras de almas, que elas realizam a função de manter a integridade do eixo ego-Self, a sua comunicabilidade, o que possibilita o contato permanente com a fonte interna e corrige as dissociações e as unilateralizações do ego. Em função disso, as ninfas viviam, tanto na companhia dos deuses quanto na dos homens, e casaram e tiveram filhos divinos e mortais. As ninfas são a própria alma, e assim podem entender os seus anseios.

Neste sentido, as ninfas são o caminho para a individuação e a busca de plenitude, e se oferecem como objeto para as diversas conjunções internas e externas que devem ser realizadas nas várias etapas do desenvolvimento deste processo. Elas estão freqüentemente presentes no mito dos heróis e também realizaram casamentos com eles. Como almas, personificações da psique, a elas cabe a função de estabelecer laços de envolvimento com a vida em sua totalidade. É através do relacionamento anímico, do envolvimento psíquico, que o indivíduo pode ter acesso ao transcendente, pois a vivência do religioso passa necessariamente pelo psicológico. Sem vida anímica é impossível a vivência religiosa. As ninfas são as forças femininas psíquicas e espirituais manifestadas nas atitudes de fé, conhecimento, amor e receptividade ao outro e, sobretudo, ao Self.

As ninfas representam esta qualidade de beleza como perfeição espiritual a ser alcançada através de um processo crescente de ganho de consciência e de responsabilidade que é descrito nos mitos como o caminho do herói. As ninfas simbolizam o desejo heróico de transcendência. Elas são divindades ligadas ao nascimento e à origem das coisas e, principalmente, ao nascimento de heróis, não só como mães, mas sobretudo como incubadoras de processos. Elas estão a serviço do desejo evolutivo do Self quando engendram e educam deuses e heróis.

Estes seres se ligam ao mito do herói de uma forma simbólica profunda. Elas possuem a beleza, o correlato da perfeição, a totalidade, isto é, a qualidade que deve ser desenvolvida e alcançada por aquele que deseja trilhar o caminho heróico. E por assim ser, são participantes da perfeição do Self. As ninfas representam a receptividade feminina aos desejos do Self, a aceitação dos fatos da vida como parte do desencadeamento de um processo com finalidade evolutiva espiritual.

180

Elas não só foram mães de deuses e de heróis, mas também ajudaram a criá-los.

Amaltéia, que era descendente de Hélio, o Sol, foi quem alimentou e cuidou de Zeus menino. A ninfa, enviada do Self, alimenta o deus menino para que este cresça em segurança e possa mais tarde realizar a função espiritual de deus promotor da criatividade, da individuação e da iluminação espiritual da consciência. A cabra Amaltéia alimentou o deus tanto no nível físico quanto no espiritual, mostrando que estes se equivalem, que a proteção do Self se dá nos vários níveis da experiência. Como o seu próprio nome sugere, pois Amaltéia quer dizer "generosa", ela é uma representante da generosidade do Self. Esta passagem mítica também mostra a importância dos cuidados e da continência na infância para que o ego possa se fortalecer e realizar mais tarde a função de veículo dos desejos do Self. A infância é o período de preparação iniciática para a individuação.

Liríope, a ninfa que ficou famosa por ter sido a mãe de Narciso, encarna o aspecto feminino da receptividade ao fluxo da vida, aos acontecimentos, e aos desejos do Self. "Liríope concebe Narciso e, apesar de se dizer que esta concepção se deu através da sua violação, ela não manifesta resistência a este nascimento."[3] Liríope sabe e aceita que Narciso terá que trilhar o difícil caminho humano da saída de uma condição de perfeição inconsciente para buscar a sua perfeição consciente, que se traduz como a consciência heróica do ser individuado. Liríope aceita que Narciso deve perder a beleza e a perfeição ilusória para fazer o caminho de busca heróica, de busca da beleza interior, de religação ao Self, tornando-se então realmente perfeito e pleno.

A ninfa Maia concebeu Hermes, o deus psicopompo, aquele que faz a ligação entre os deuses e os homens, entre o nível humano e o nível divino. Clímene, a filha de Oceano e Tétis, esposa de Jápeto e mãe de Prometeu, está ligada ao processo de formação da consciência e à individuação. Como a etimologia do seu nome, ela é "a que ouve favoravelmente" e que, por ouvir favoravelmente, pode atender aos desejos do Self. A outra Clímene, a filha de Nereu e de Dóris, também é uma ninfa e, como o seu nome diz, está a serviço do Self.

As ninfas estão ligadas não só aos nascimentos naturais, mas também aos nascimentos de caráter espiritual. Elas regem o desenvolvimento da consciência no seu início e, mais tarde, na individuação. Por isso, simbolizam a fertilidade em todos os seus aspectos como a energia presente e manifesta na vida biológica, psicológica e do espírito, e representam as correntes das forças vitais que animam todas as coisas e seres. As ninfas vivem perto de nascentes, em cavernas úmidas ou em montes, e estão identificadas a esses lugares, pois são a representação da própria energia vital, da substância universal que jorra incessantemente da fonte divina. E como todo nascimento tem uma ligação com a morte, as ninfas participam do processo evolutivo de nascimento-morte-renascimento.

As ninfas representam o cuidado e a proteção providencial do Self e medeiam a relação do homem com Deus, porque, sendo as almas das coisas, são também as intermediárias entre o ego e o Self, entre os deuses e os homens. As literaturas religiosas, como a acádia, a ugarita, a bíblica e outras, sempre descreveram seres de formas diversas que são intermediários entre Deus e os homens, como, por exemplo, os anjos da tradição cristã. Para Rilke, o anjo representa a criatura na qual surge já realizada a transformação do visível em invisível por nós executada. O anjo e, por aproximação simbólica, a ninfa, representariam o estado de transcendência espiritual já alcançado por aquele que buscou o caminho evolutivo espiritual.

Embora o nome ninfa tenha uma etimologia obscura, como pontua Junito, ninfa era usado pelos gregos com o significado de noiva e, especificamente, como "noiva de Deus". Este uso comum acentua a qualidade de disponibilidade para o relacionamento e, mais especificamente, para a conjunção com o Self. Elas são o símbolo e o veículo da relação de Deus com os homens.

Como noivas de Deus, as ninfas parecem dizer que a união do céu com a terra é o caminho que leva para a ascensão espiritual do homem. "Eco tem o impulso para a conjunção dos opostos na sua característica de noiva de Deus, que deseja a união dos opostos; é por isso que ela deseja Narciso, o seu oposto complementar. A noiva é, simbolicamente, aquela que possui o potencial, o desejo e a vontade para a conjunção dos opostos."[4] Eco deseja que Narciso a reconheça, pois assim fazendo, abre o caminho para o reconhecimento da sua alma interior e para o casamento dos opostos.

Zeus, o representante do princípio evolutivo do Self, se uniu a muitas ninfas e com elas gerou vários filhos. As ninfas, como noivas de Deus, mostram esta qualidade de disponibilidade para a união com Deus, para a ligação com a Totalidade, colocando-se como instrumentos para a sua manifestação e expressão, como reveladoras e cumpridoras dos desígnios do Self. Pois é através da relação com o Self que o ego se torna fértil e se dispõe a ser um instrumento e veículo para a manifestação da Totalidade.

Acreditava-se que, como espíritos presentes em toda a natureza, as ninfas punham a alma em tudo, nas várias partes do mundo. Elas representam a alma como o poder divino de vida e de ação que a tudo anima e, assim, encarnam o arquétipo da vida, da *Anima Mundi*, a Alaya do budismo esotérico e a Superalma de Emerson. Como diz o *Bhagavad Gïta*:

Quem vê a Alma Universal imanente
em todas as coisas, imperecível ainda que em
coisas perecíveis, esse em verdade vê.

As ninfas eram descritas como os seres evanescentes, a vida cristalina, o princípio energético vital que confere alma às coisas. Assim, elas animam tudo o que existe, representando o sopro espiritual de vida, e acrescentam um significado transcendente que se estende além do imanente. Presentes em tudo o que é material, elas usam a matéria como o seu veículo de manifestação e são, ao mesmo tempo, o veículo para a manifestação do espírito dos deuses.

Como os arquétipos que representam e trazem a possibilidade da vivência do amor e da plenitude psicológica, as ninfas são a alma feminina de Deus presente na vida, no tudo e em todos. Como diz o *Upanishade*:

"O tudo não é amado por amor ao tudo; mas o tudo é amado por amor à Alma que há no tudo.

"As criaturas não são amadas por amor às criaturas; mas as criaturas são amadas por amor à Alma que há nas criaturas."[5]

As ninfas são, por isso mesmo, vistas como a representação da anima, como configurações arquetípicas do feminino na função de relação e de ligação. É neste sentido que Jung falou da anima como o meio para a vivência da plenitude psíquica, pois a anima, permitindo o acesso às profundezas anímicas, traz para a consciência as paixões, as emoções, os afetos mais profundos assim como as fantasias e a imaginação criativa. A Beatriz de Dante é um exemplo deste papel feminino de guia às profundezas do ser.

Embora Jung muitas vezes tenha limitado o conceito de

anima à psicologia masculina, como a representação do feminino inconsciente do homem, emprego este conceito no sentido mais amplo usado por Hillman, que não o limita à psicologia dos homens, visto que os arquétipos e suas funções transcendem as diferenças sexuais, referindo-se a uma estrutura de caráter psíquico mais complexa.

Através da função anímica de relação da qual são representantes, as ninfas ligam o material ao espiritual, criam um modo de relacionamento psíquico com a vida, convertendo os fatos e eventos triviais em experiências profundas, em imagens simbólicas plenas de significados espirituais. E isso é da maior importância, tanto na experiência do homem quanto na da mulher. Este modo de relação simbólica com a vida é que lhe confere significado e espiritualidade.

A ninfa como função psicológica-espiritual de ligação do ego com o Self confere sentido e beleza às coisas, pois a beleza só pode ser revelada pelo amor, e o amor exige e envolve a ligação. Através do amor, as ninfas revelam a beleza que existe oculta em cada coisa. A beleza permanece escondida nas coisas e no mundo quando não está ligada a algo ou a alguém que a descubra. Platão, no *Banquete*, disse que "Amar é conceber no belo, tanto no corpo quanto na alma" (*Banquete*, 206 B). É o envolvimento, a capacidade erótica de ligação, que dá sentido e beleza, que descobre a alma existente em tudo. A beleza e o amor, como capacidade de envolvimento, estão unidos no arquétipo da ninfa. As ninfas, como representações da alma que animam a vida, mostram a beleza que existe nas coisas e, ao mesmo tempo, elas são esta beleza.

Eco, como toda ninfa, também é bela e tem como maior aspiração o envolvimento erótico e absoluto com tudo e com todos. Ela deseja colocar totalmente a sua alma naquilo com o qual se envolve e revelar a sua beleza. Eco deseja doar a sua alma, a sua capacidade de ligação anímica, a Narciso, para que este a reconheça e possa também, como diz Hillman, "fazer alma", dar significado, ligar a sua alma ao seu princípio feminino interior. Pois, como mais uma vez diz Hillman, a *coniunctio* exige amor e alma, que em sua união são um.[6] Jung, no seu trabalho sobre a transferência, enfatiza a importância da relação e do envolvimento com o outro no trabalho de fazer alma, de dar significado à vida. A compreensão do outro exige o interesse, o envolvimento e uma espécie de amor que é objetivo, porque revela a beleza escondida que existe no outro. Da mesma forma, a compreensão completa de si mesmo exige um envolvimento amoroso com o mundo e com o outro.

As ninfas possuem esta qualidade erótica de envolvimento com tudo e com todos, mostrando uma grande disponibilidade e alegria para o relacionamento com o mundo. Por isso as ninfas eram chamadas pelo nome do local ao qual pertenciam. Elas assumiam inteiramente a sua ligação com o lugar quando assumiam seu nome. Assim, existiam ninfas ligadas a todos os fenômenos e manifestações naturais. A sua ligação se dá com a vida como um todo. Elas se manifestam principalmente através desta qualidade erótica de ligação, aglutinação e conciliação que traz, ao mesmo tempo, significado, pois é o amor, a ligação amorosa, que dá sentido às coisas, que dá alma. Estes seres são formas personalizadas das forças eróticas, da pulsão de vida.

Existe em Eco a necessidade criativa de relacionamento amoroso, que a leva a escolher Narciso. Eco deseja o envolvimento total com Narciso, Sálmacis deseja se unir inseparavelmente a Hermafrodito, o filho de Hermes e Afrodite. Onde existe o relacionamento profundo e íntimo existe também a grande vivência anímica, a experiência entre almas. A ninfa mostra o lado imanente e transcendente da vida e, por isso mesmo, ela pode ser o elo de ligação entre a realidade terrena e a divina.

Havia a crença de que a visão de uma ninfa podia levar a um tipo de entusiasmo ninfoléptico ou à loucura. As ninfas representam a natureza feminina como *Temenos*, o recinto sagrado feminino no qual a presença do numinoso, da energia divina, jorra e pode ser sentida. Elas demarcam e criam um espaço especial onde poderá se dar a manifestação da plenitude do ser e a comunicação com o divino. Pois todo espaço sagrado pressupõe uma hierofania, a revelação do poder e da energia criativa dos deuses.

O entusiasmo provocado pela presença de uma ninfa, portanto, tem o significado de transcendência da condição humana, de entrada numa realidade totalmente diferente da realidade comum, criando uma ruptura no modo habitual de vida. Através do entusiasmo o indivíduo é levado a ter uma participação na divindade, à vivência da numinosidade, da divindade dentro de si mesmo. Em sentido literal, entusiasmo quer dizer "ser tomado pelo deus", e corresponde ao estado de êxtase. Mas, quando o ego não está preparado para esse encontro, ele pode se desestruturar diante da numinosidade da experiência ou, por outro lado, não reconhecer o poder do Self, se identificando com este. Ao se apropriar deste poder como sendo seu, entra num estado de inflação que corresponde à loucura.

Como representação de arquétipos femininos mediadores entre o humano e o espiritual, as ninfas trazem em si a possibilidade de entrada nesse nível de experiência do sagrado. Elas são o eixo que liga o mundo profano ao mundo sagrado, o mundo dos homens ao mundo dos deuses, e, assim sendo, permitem a comunicação e a entrada nesta realidade transcendente.

As ninfas manifestam esta numinosidade que pertence aos seres divinos e com a qual o ser humano comum não está preparado para entrar em contato. A hora da epifania das ninfas era o meio-dia, a hora em que a luz está na sua plenitude, e marca uma espécie de instante sagrado, uma parada do movimento, uma imobilização da luz em seu percurso, o único momento sem sombra, de luz absoluta. A luminosidade do meio-dia tanto aumenta a luz quanto encobre, de certa forma, a numinosidade das ninfas; então, a sua luz só pode ser percebida por aqueles que estão preparados para ver. Mas, a percepção do numinoso, do *mysterium tremendum*, pode tomar um aspecto terrificante e de fascínio ao mesmo tempo. Dizia-se que aquele que via uma ninfa nesse momento tornava-se presa de um entusiasmo ninfoléptico, como aconteceu com Tirésias ao ver Palas e Cariclô, ou com Acteone, que vislumbrou Ártemis com suas ninfas.

As ninfas possuem, além da função de mediadoras entre os homens e os deuses e de mensageiras dos desejos do Self, a função de reveladoras do sagrado, de um aspecto do poder divino cuja realidade difere absolutamente da realidade comum e cotidiana. Assim, o contato com a realidade do sagrado, com a sua numinosidade e plenitude, assume um aspecto de terror para o homem comum.

As ninfas evocam sempre a qualidade de uma fonte invisível de sabedoria e de poder, de uma energia cósmica feminina atuando no mundo material, semelhante à shakti dos hindus. E, enquanto representações do alento vital e da psique, correspondem ao mercúrio alquímico, pois este inclui também um aspecto de potência maternal do mundo anímico. As ninfas são, ao mesmo tempo, o alento sutil que anima o corpo, a substância fugitiva da alma, a força lunar, a materialidade de todo o mundo anímico e a própria matéria-prima da psique.

A alma, além de bela e sábia, é leve; talvez por isso a característica de leveza encarnada pelas ninfas se amplia a tudo o que é diáfano, flutuante e vaporoso, e pontua o caráter ascensional e espiritual destes seres como representantes da alma. A alma sempre foi descrita como um poder invisível, como um princípio de vida que possui uma qualidade material e imaterial ao mesmo tempo.

Todas essas qualidades têm relação com os símbolos da elevação espiritual e sugerem um desejo ou aspiração à leveza, à vida espiritual e à superação e libertação de tudo aquilo que é pesado e contingente, que prende ao instintivo, ao sensorial e ao mundo da manifestação material.

Estes seres diáfanos, com a sua leveza, simbolizam a transformação já realizada daquilo que era terreno e material em espiritual, e mostram que o material contém o espiritual. As ninfas vivenciam o lema alquímico: "fazer do corpo um espírito e do espírito um corpo".

As ninfas apontam o caminho evolutivo do homem que vai desde o mais instintivo, material, biológico, sensorial e pesado em direção ao leve, psicológico, simbólico e espiritual. Como psicopompos, como guias do processo evolutivo, elas mostram o caminho e são o próprio caminho como a possibilidade do estabelecimento dos vínculos psicológicos que geram significado e beleza. Elas são a alma presente em todas as coisas e pedem para ser reconhecidas, pois o reconhecimento da alma leva ao reconhecimento do espírito e de Deus. Como diz um cântico judaico chamado Niflaim:

As tuas obras são admiráveis
E a minha alma o reconhece e sabe disto
A ti, ó Deus, o poder e a grandeza,
O esplendor, a glória e o louvor...

CAPÍTULO 3

As Filhas de Nereu: As Nereidas

As Nereidas, filhas de Nereu e de Dóris e netas de Oceano, são consideradas as mais famosas das ninfas. Nereidas, segundo Junito, é um derivado de Nereús que expressa a descendência, e significa as filhas de Nereu.

Personificam as ondas do mar no seu incessante movimento de ida e vinda. São descritas como possuindo forma humana, muitas vezes como belas mulheres, mas que da cintura para baixo são peixe.

As Nereidas vivem em volta de seu pai, cantando e dançando em sua honra. Segundo outros autores, as Nereidas habitavam o fundo do mar, no palácio de seu pai, e ocupavam-se a fiar em fusos de ouro e a cantar. Freqüentemente vinham em grupo à superfície das ondas, cavalgando os tritões.

Dentre todas as Nereidas, as que tiveram presença mais

marcante nos relatos míticos foram Tétis, a mãe de Aquiles; Anfitrite, a esposa de Posídon; Agave, Galatéia, Oritia, Ceto, Calipso, Clímene, Dexâmene, Dione, Dóris, Dinâmene, Érato, Eudora, Eunice, Evágora, Psâmate, Talia, Temisto e Anfítoe.[1]

Como toda ninfa, cuja qualidade ressaltada nas narrações é a beleza, as Nereidas eram igualmente descritas como possuidoras de grande beleza, graça e leveza. Dizia-se que elas passavam o tempo a fiar, a tecer, a cantar e a nadar alegremente, como os golfinhos. Estas criaturas simbolizam a perfeição e a realização de uma vida espiritual plena que qualifica a ligação e o envolvimento com as coisas de uma forma profunda, e onde é ressaltada a alegria, o prazer de viver e, principalmente, o impulso amoroso com todas as coisas.

As filhas de Nereu representam, na qualidade de ninfas, esta característica de ligação com a vida que é tanto psicológica quanto espiritual. A capacidade erótica, segundo o seu significado mais antigo, vem do deus grego Eros. Este é descrito como a grande força ou potência de atração que tudo une. É o deus que assegura a coesão interna cósmica, unindo os opostos entre si e integrando-os em uma mesma unidade significativa. Para Teilhard de Chardin, o amor era a grande força cósmica, a fonte de todo potencial afetivo, uma energia que possui muitas qualidades e que tende para a espiritualização, para Deus.

O envolvimento erótico das ninfas com as coisas possui todos estes matizes, refere-se a esta ligação profunda e essencial com a vida, o que possibilita acrescentar significado e animar. Elas, como mensageiras de Eros, enlaçam e mantêm juntos os opostos material e espiritual, conferindo alma a tudo aquilo com o que se ligam. E, na ação de unir os opostos, criam os significados, os símbolos. A dimensão simbólica é um meio de acesso ao espiritual, e para encontrar este caminho é necessário amar. Segundo o *Fedro* de Platão: "O amor é o estado no qual renascem as asas do espírito."

É o feminino, como representação da *psyché*, que coloca a sua alma em tudo aquilo com o que estabelece um relacionamento. E por isso mesmo é que se diz que a alma é feminina e que é ela que anima e embeleza. A alma se manifesta, mostra a sua beleza, através do ato de amar. É o significado trazido pelo amor que embeleza a vida. Como diz a Diotima de Platão: "Amar é gerar no belo."

A vivência desta característica do amor como a ligação que gera a beleza é atualizada e ampliada pelas Nereidas, como ninfas. Estes seres aquáticos e diáfanos, representantes da alma, podem ser vistos como os portadores dos movimentos anímicos e amorosos que conferem à vida a sua existência e estabilidade. O amor envolve a noção de cuidado e dedicação; portanto traz estabilidade e gera fé e confiança. As filhas de Nereu, com seus movimentos, cuidam amorosamente para que o fluxo de energia seja mantido, alimentando a vida.

As Nereidas representam o movimento vital natural, porque a vida é, em si mesma, movimento e dança. As ondas, nos seus eternos movimentos cósmicos, criam, destroem e recriam permanentemente, e, por isso mesmo, renovam e dão estabilidade. Na Índia, Shiva Nataraja, o Senhor da Dança, tanto cria quanto destrói o cosmo dançando. A natureza e todas as suas criaturas nasceram dos movimentos divinos de sua dança. As Nereidas são as dançarinas de Deus, que, com os seus movimentos rítmicos de ondas do mar, encarnam o constante fluir da energia universal.

Como Shiva, as Nereidas dançam a dança cósmica da vida e são as melhores representantes deste impulso vital em sua constante e eterna manifestação. Como as ondas do mar, elas criam, destroem e recriam. Para que exista vida é necessária a morte. As filhas de Nereu são as representantes do arquétipo da vida em sua manifestação aquática. Na concepção de Jung, a alma é o arquétipo da vida. E, como diz sabiamente Goethe através das Sereias no seu hino à água:

> *Que flâmeo milagre no mar arde ali,*
> *Com fúlgidas ondas atroando entre si?*
> *Cintila oscilante e o clarão irradia:*
> *Refulgem os corpos nas trevas da via.*
> *E tudo ao redor já o fogo abraseou.*
> *Reine Eros, portanto, que tudo iniciou!*
> *Salve o Oceano! salve a chama*
> *Que nas ondas se esparrama!*
> *Salve o fogo a alma preclara!*
> *Salve a aventura rara!*[2]

As filhas do velho deus marinho Nereu, representadas como as ondas do mar, encarnam as personificações do movimento divino criador, expressando a vitalidade e a atividade dinâmica da polaridade feminina do Self. Em sua atividade constante, as Nereidas são a melhor representação para o eterno desejo de realização e manifestação do Self. Como diz o *Upanishade*:

"Observai o universo na glória de Deus: e tudo o que vive e se move na Terra. Deixai o transitório e procurai a alegria do Eterno."[3]

As Nereidas simbolizam, como uma das representações da alma ou da Anima, a atividade do poder feminino criativo e transformativo do Self, ao passo que o mar é a representação da polaridade masculina deste mesmo poder. Este eterno e constante dinamismo, representado como ondas ou vagas, e personificado pelas filhas de Nereu, é um aspecto inerente ao Self que pertence ao seu intrínseco caráter transformador e, por assim ser, está sempre em movimento, gerando e provocando mudanças. Em termos psicológicos, corresponde ao eterno dinamismo criativo que é produzido internamente no inconsciente e que tem a função de impulsionar o desenvolvimento evolutivo da consciência e da personalidade.

Na sua atividade incessante, as filhas do Mar, como conta o mito, tecem e fiam incansavelmente. Elas representam um tipo de atividade caracteristicamente feminina, ligada à tessitura da vida e dos seres, que é urdida no silêncio do inconsciente. A função de fiar é representada pelos movimentos das ondas, que fluem e refluem, tecendo na água o tecido da existência. São essas ninfas que, por meio de sua ação natural, unem os fios entre si e criam a trama da vida. Elas modelam através da água, da essência de si mesmas, a construção do ser. O tecer está associado à criação de novas formas e a extrair de si mesmo, a partir de sua própria essência, um novo tecido, como a aranha que tira do seu próprio ser a sua teia. Neste sentido, as Nereidas podem ser consideradas tecelãs, pois elas realizam constantemente a atividade de tessitura a partir de sua própria substância.

A criação do novo sempre traz a morte e a superação do velho. Por isso, o movimento criativo é, em si mesmo, instável e passageiro como as ondas do mar. Mas, paradoxalmente, é desta instabilidade que é criada e mantida a estabilidade da vida. Como no simbolismo da Roda da Vida, os movimentos das ondas do mar significam a inconstância permanente, o eterno retorno, mas também a constante recriação e a renovação cíclica da vida.

As ondas participam do simbolismo da Roda da Vida, da Roda da Fortuna e da Roda Zodiacal, que descrevem o vir-a-ser cíclico, as alternâncias cósmicas vitais, com seus eternos movimentos de inícios, fins, reinícios e renovações. A roda que o Buda coloca em movimento é a Roda da Lei, o Dharma-chakra, e esta lei é a do destino humano.

Todos estes símbolos expressam a percepção e o senti-mento de dor do homem, diante da efemeridade da vida e da impermanência das coisas. Como diz o Khivum, um canto re-ligioso dos pigmeus africanos:

> *O animal nasce, passa, morre.*
> *É o grande frio.*
> *O grande frio da noite,*
>> *o escuro.*

> *A ave passa, voa, morre.*
> *É o grande frio.*
> *O grande frio da noite,*
>> *o escuro.*

> *O peixe foge, passa, morre.*
> *É o grande frio.*
> *O grande frio da noite,*
>> *o escuro.*

> *O homem nasce, come, dorme. E passa.*
> *É o grande frio.*
> *O grande frio da noite,*
>> *o escuro...*

Essas mulheres do mar, que personificam a atividade cons-tante do inconsciente, são também representantes da qualida-de de tecelãs da vida. As Nereidas são incansáveis na sua di-vina atividade, tecem as ondas e as desfazem constantemente, simbolizando o ligar e o desligar, os começos e os fins. O destino tece através de suas tramas os encontros, os laços e as associações significativas entre os seres e os acontecimentos, mas também os cortes, os desencontros e as separações que ocorrem na existência de todo o mundo.

A atividade de fiar e os instrumentos ligados a esta atividade — a roca, o fuso, o fio —, bem como os produtos resultantes desta, a trama e o tecido, são todos considerados instrumentos simbólicos do destino que pertencem ao feminino. Inúmeras deusas do destino trazem nas mãos fusos e rocas através dos quais controlam os nascimentos, os acontecimentos mais importantes da vida, o seu encadeamento, como também o seu encerramento.

Segundo Homero, as fiandeiras por excelência são as Moiras. A Moira, a princípio, tinha um caráter não-antropomórfico, representando o destino fixo e imutável, não podendo ser alterado nem mesmo pelos deuses. Mais tarde, a Moira passou a representar o quinhão que cabe a cada um, e portanto foi vista no plural, pois cada ser humano possuía a sua Moira. Com o tempo se desenvolveu a idéia de uma Moira Universal que predetermina o destino. Por sua vez, esta Moira se projetou em três Moiras ou Queres, que fiam o tempo de vida, que já foi prefixado. As Queres passam então a ser consideradas as fiandeiras do destino de cada um.

Como as Moiras, as três Queres — Cloto, Láquesis e Átropos — regem o destino, elas são as mediadoras entre o mundo humano e o mundo arquetípico e possuem a função específica de engendradoras do destino. Cloto segura o fuso e vai puxando o fio da vida. Láquesis é a que enrola o fio da vida e sorteia o nome de quem deve morrer. E Átropos, a que não volta atrás, é a que corta o fio da vida. Elas são as donas dos fios que ligam os seres entre si e ao princípio divino. As Parcas, em Roma, a princípio divindades que presidiam os nascimentos, foram sendo assimiladas às três Moiras ou Queres e acabaram tomando o nome destas.

As Queres são as filhas de Têmis e de Zeus, a quem este

concedeu o mais alto privilégio de distribuir a boa ou a má sorte aos homens. Elas cantam, como as Sereias, ao mesmo tempo que giram os seus fusos. Juntamente com a roca, o fuso simboliza o desenrolar inesperado dos acontecimentos dentro de uma certa dimensão de tempo. A deusa Ilítia, de origem egéia, também é uma fiandeira. Entre os povos germânicos, a tessitura do destino é um poder feminino. As Nornas, as deusas do destino, têm em suas mãos o poder de controlar o curso dos acontecimentos. Da mesma forma, as ondas são o tecido da vida modelado pelas Nereidas e representam o ritmo vital natural, a expansão e a reabsorção da vida, a respiração de Deus. As ondas sugerem este desenrolar de acontecimentos de uma forma sempre nova, rápida e passageira, pois a sua ação principal é desfazer e refazer constantemente.

O fiar e o tecer são símbolos perfeitamente adequados para representar a atividade que une todos os fios da vida, como também a união de todos os estados da existência entre si e, finalmente, a reunião a um princípio maior, o Self. Na Índia, o conjunto de tramas da tessitura é chamado de cabelo de Shiva, considerado o deus do amor. Na tradição religiosa do Islã, o tecer simboliza a estrutura e o movimento do universo. Na África do Norte, qualquer choupana possui um tear feito por dois rolos de madeira, um em cima e outro embaixo, sustentados por dois outros rolos verticais, formando uma moldura que representa o universo. O rolo de cima simboliza o céu e o de baixo, a terra. E, como diz o *Upanishade*:

"Com Maya, o seu poder de magia, ele faz todas as coisas, e a alma humana está presa por Maya.

"Sabei, pois, que a natureza é Maya, mas que Deus é quem governa Maya; e que todos os seres do nosso universo são partes do seu infinito esplendor."[4]

O *Upanishade* diz ainda que o fio (sutra) é aquilo que liga todos os seres, a este mundo e ao outro mundo. Nos textos védicos, o fio é considerado ao mesmo tempo Atma (Self) e prana (sopro). O fio de prumo da Maçonaria é o eixo perpendicular que une o pólo celeste ao pólo terrestre. Na tradição bíblica, o poder de atar é considerado uma importante função de características espirituais. Cristo disse a Pedro: "O que ligares sobre a terra será considerado ligado nos céus, e o que desligares sobre a terra será considerado desligado nos céus" (Mateus, 16, 19). Varuna, com seus liames e laços, mantém os homens nas redes de suas obrigações e somente ele pode desatá-los.

A atividade de tecer o destino é uma atividade que, no mito, é geralmente confiada ao feminino. Por isso se costuma dizer que a Lua, o astro representante do mundo feminino, tece o destino. E as deusas lunares são freqüentemente deusas do destino, como Hécate, a deusa lunar por excelência, que rege as encruzilhadas do destino, pois era ela que favorecia os nascimentos, conservava a vida e determinava o seu término. Assim, a encruzilhada representa, como trama simbólica, o lugar do encontro de vários fios ou linhas da vida.

Tal qual o tecido feito no tear, a encruzilhada marca o aspecto do destino como o lugar de encontro das linhas interiores e exteriores. E é, ao mesmo tempo, um local de passagem, pois é deste ponto que também partem os fios em suas diversas direções e destinos. Desta forma, pode ser sentido como um ponto numinoso, de revelação dos desígnios ocultos do Self. A vida com suas encruzilhadas é a representação do tecido criado por Deus a partir de sua própria essência, unindo os destinos humanos entre si e a Si mesmo. Mas, como o ser humano possui o livre-arbítrio, isto é, a possibilidade de escolher que caminho seguir, a encruzilhada também marca o momento do exercício da individualidade, do livre-arbítrio e, finalmente, do encontro consigo mesmo.

O trabalho de tecer sempre foi considerado um trabalho de criação feminino e, por isso mesmo, pode se assemelhar simbolicamente a um parto. O tecido pronto é desligado do tear, da *matrix*, cortando os fios que o unem a este, como no nascimento é cortado o cordão umbilical que prende o feto à mãe. Na China, as diversas formas de iniciações femininas incluíam um trabalho de tecelagem ritual associado à reclusão e à noite, pois a participação da mulher na tessitura da vida é um trabalho perigoso e deve permanecer secreto. No norte da África, o fiar e o tecer significam para a mulher o mesmo que o lavrar a terra significa para o homem, pois são atividades que estão associadas à obra criadora. Nos mitos, a tecelagem e a lavoura são atividades que estão sempre associadas, pois pertencem ao domínio criador do feminino e do masculino.

Mas, como toda atividade simbólica apresenta as suas polaridades, o caráter transformativo e dinâmico do feminino também possui a sua polaridade negativa. As ondas, na sua polaridade positiva, representam os movimentos amorosos, dinâmicos e vitais do mar. Mas, no seu aspecto negativo, podem ser comparadas aos dragões que dormem nas profundezas do inconsciente, podendo ser despertados por outras forças e, assim, sair da sua inércia e invadir a consciência. As ondas simbolizam todos os conteúdos inconscientes, geralmente de origem muito primitiva, que estão sob o domínio de forte repressão, mas que podem quebrar o processo repressor e irromper na consciência.

Por sua capacidade de irrupção súbita, as ondas encarnam os aspectos terríveis do mar, o de invasão dos conteúdos primitivos do inconsciente que ameaçam subverter a ordem e usurpar o controle da consciência. O mar é, simbolicamente, o próprio inconsciente como o receptáculo das forças instintivas e dos monstros perigosos, difíceis de serem dominados. O mar amargo é o mar das paixões e das pulsões desenfreadas do Id, que devem ser conhecidas e transformadas.

Desde a Antigüidade o mar foi visto como a sede dos demônios. Na Bíblia, as ondas simbolizam os perigos mortais de ordem física ou moral. O mar é a morada do Leviatã e do demônio. O Leviatã bíblico, como símbolo, encarna muito bem este aspecto primitivo, monstruoso e perigoso do mar. A Tiamat da cosmogonia babilônica tem o mesmo significado. Desta maneira se explica por que as ondas aparecem freqüentemente nos sonhos, simbolizando estas súbitas irrupções do inconsciente. As ondas representam a cólera do mar, a vontade de poder e de domínio que faz parte do acervo das pulsões instintivas e inconscientes.

As ondas também representam um outro tipo de força invasora da tranqüilidade da consciência, a força do *mysterium tremendum*, com o seu caráter numinoso e o seu valor religioso e mágico. Jean Chevalier e Alain Gheerbrant comentam uma lenda irlandesa que fala de uma "nona onda" que possui um caráter mágico. "Quando os goidélicos chegaram à Irlanda, foram inicialmente rechaçados pela magia dos druidas e se retiraram provisoriamente à distância da 'nona onda'. Um dos filhos da deusa gaulesa Arhianrod, que quer dizer Roda de Prata, chama-se 'Dylan, Eil Ton', 'Dylan, filho da onda'."[5]

As ondas da morte me envolviam,
as torrentes de Belial me aterravam,
cercavam-me os laços do Xeol,
as ciladas da morte me espreitavam.

(Salmos 18, 5-6)

Este caráter de numinosidade do mar, simbolizado pelas ondas, pelas filhas de Nereu, também aparece representado no mito dos Velhos do Mar, pelo feminino de aspecto monstruoso. Pois o monstro é considerado o guardião de um tesouro, como o tesouro da imortalidade, e enquanto guardião deste tesouro é também sinal do sagrado. Em razão disso, o dragão, que comumente é o animal guardião dos tesouros escondidos, possui um caráter tanto monstruoso quanto sagrado.

A beleza enquanto representação da numinosidade possui esta característica de monstruosidade, pois para o simples mortal a revelação da beleza em toda a sua essência e plenitude pode ser fatal. O numinoso caracteriza-se como qualquer coisa de radical e totalmente diferente que não se assemelha a nada humano ou cósmico. Pois o sagrado, como diz Mircea Eliade, manifesta-se sempre como uma realidade de uma ordem inteiramente diferente daquela das realidades naturais.[6] A beleza traz a marca do sagrado como algo de inefável e especial que Rudolf Otto chamou de *mysterium tremendum*, o mistério que causa arrepios.

A beleza das Nereidas representa esta característica de numinosidade ligada ao mar. O aspecto numinoso é muitas vezes visto como monstruoso, pois contém a *magesta*, a grandeza da plenitude do ser, que causa um terror sagrado. No mito dos Velhos do Mar, a esposa e irmã de Fórcis é Ceto, que se dizia possuir linda face mas cujo nome é a forma feminina de Ketos, que significa "monstro do mar".

Da união de Fórcis com Ceto nasceram as Gréias, também chamadas Fórcidas ou as "Velhas", porque estas deusas, na realidade, já nasceram velhas. A princípio elas eram duas, Enio e Pefredo, depois foi acrescentada uma terceira, Dino. Elas só possuíam um olho e um dente em comum dos quais se serviam alternadamente. Essas filhas de Fórcis e Ceto desempenharam no mito de Perseu um papel muito importante. Elas representam aspectos do Self, do inconsciente profundo, que são constelados no mito do herói, simbolizando as tarefas difíceis a serem enfrentadas por todo aquele que empreende o trabalho de confronto com o inconsciente na busca do tesouro da individuação. Todos os caminhos que levam à riqueza e à imortalidade são guardados por monstros, e não se chega a eles a não ser através de atos heróicos. O herói deve matar o monstro interior ou exterior, as suas pulsões de qualidade mais primitiva, para poder ter acesso ao tesouro.

Fórcis foi ainda pai do monstro Cila, de Equidna e das Hespérides. A Proteu é também atribuída a paternidade de Cila. Esta era descrita como um monstro marinho que ladeava, com Caribdes, o estreito de Messina. Era uma mulher monstruosa, de seis cabeças, com três fileiras de dentes, doze pés e tinha seis cães medonhos em torno da cintura. Representa, junto com Caribdes, as difíceis alternativas que a vida nos apresenta, quando às vezes não existe escolha melhor ou mais fácil. Equidna é descrita como possuindo corpo de mulher até a cintura, e daí para baixo é serpente. As Hespérides são três ninfas marinhas chamadas de Egle, Eritia e Hesperaretusa, que significam respectivamente "a brilhante, a vermelha e a do poente" e designam o caminho do percurso solar, o começo, meio e fim, como a jornada humana e o processo alquímico de transformação.

Estas figuras monstruosas também simbolizam projetivamente, por sua vez, o lado desconhecido e escuro do mar, do inconsciente, e o seu lado amargo, negativo e imperfeito, a extensão incerta e a travessia perigosa, isto é, os perigos do inconsciente, a sua beleza de morte.

Ainda na sua polaridade negativa, as filhas de Nereu podem também representar os aspectos femininos do mar no seu caráter ondulante, passivo e sedutor, que pode levar à perda da consciência, ao mergulho absoluto no princípio do prazer, aos impulsos descontrolados e à conseqüente perda do princípio de realidade. Na mitologia dos povos germânicos e escandinavos, as ondinas, de longos cabelos verde-mar, se assemelham às Nereidas neste aspecto sedutor e perigoso. Têm como prazer atrair os homens para o fundo do mar. Simbolizam os perigos da sedução, que pode atrair o indivíduo, levando-o a se perder nas profundezas escuras e abismais dos impulsos inconscientes.

Nesta manifestação aparentemente negativa, as filhas de Nereu aparecem como belas, maliciosas e sedutoras e correspondem a outras expressões negativas e temíveis do feminino, como Lilith, a deusa da Lua negra. A Lua está ligada aos movimentos cósmicos cíclicos regidos pela água. As Nereidas, nesta polaridade feminina negativa, estão também ligadas aos aspectos desconhecidos e escuros do inconsciente, da Lua e da morte. E, como a morte está relacionada simbolicamente à vida, as Nereidas, como representantes do impulso de vida, também apresentam o seu contrário e carregam o lema alquímico: é preciso morrer para poder renascer. A morte na água corresponde à volta ao informe, à *prima materia*, à *solutio* alquímica que, segundo os alquimistas, ocorre na Lua. Como disse Heráclito: "Para as almas é morte tornar-se água."

Mas a descida às profundezas do mar inconsciente pode, apesar dos perigos, apresentar o movimento de busca de autoconhecimento e de desejo de superação dos aspectos primitivos, sombrios e sedutores inconscientes. A descida ao inconsciente é um movimento necessário para a iluminação da consciência, corresponde à *solutio* alquímica, e esta pertence à água. Os perigos da *solutio* são assim representados como as ninfas da água que levam os homens ao afogamento. Sem a entrada para dentro de si mesmo, sem introspecção e reflexão que gera autoconhecimento, não pode haver mudança. As grandes mudanças na vida são experimentadas como *solutio*.

Os alquimistas consideravam a água como o útero e a *solutio* como um retorno necessário ao útero, visando o renascimento. A *solutio* tem uma dupla função: faz desaparecer uma forma desgastada, degenerada, para que possa surgir uma nova forma regenerada. Nos mitos, o dilúvio ocorre para que o mundo velho e corrompido seja substituído por um novo mundo.

As Nereidas, como divindades femininas ligadas aos processos de mudança, seduzem com sua dança para provocar e levar às transformações. Elas representam o desejo e a atração que o homem sente por se transformar. Como diz Neumann: "Mesmo onde o caráter transformativo do feminino aparece como negativo, hostil e como um elemento provocador, ele sempre leva para a tensão, para a mudança e para a intensificação da personalidade."[7]

Os movimentos das ondas simbolizam a expansão e a retração cósmica, a respiração de Brahma, o movimento sem fim da evolução e da involução do universo, que está sempre em mutação, recriando e mantendo a vida.

CAPÍTULO 4

As Fontes
e suas Ninfas:
As Náiades
ou Crenéias

As Náiades são as divindades das fontes, dos riachos e ribeiros em que habitam. Segundo Junito de Souza Brandão, o nome Náiades provém do verbo "escorrer", "correr", cujo presente quer dizer "ele deixa correr", "ele secreta", os que escorrem. Náiades são as divindades das fontes e dos ribeiros. Normalmente, as nascentes e cursos d'água possuem uma só Náiade mas, por vezes, são muitas, e, neste caso, todas se consideram irmãs e com os mesmos direitos.[1]

"Ninfas do elemento líquido são seres femininos dotados de grande longevidade, mas são mortais."[2] E ainda segundo Junito: "É quase impossível estabelecer-lhes uma genealogia, porquanto esta se apresenta com muitas variações, consoante

205

os autores e os mitos locais. Se Homero, *Ilíada*, XX, 7-9, dá-lhes como pai a Zeus, outros consideram-nas filhas de Oceano ou do deus-rio onde residem. As filhas do deus-rio Asopo são consideradas as Náiades."[3]

As fontes, geralmente, estavam sob a proteção de uma ninfa, com a qual eram identificadas. Então, toda fonte ou curso d'água possui uma ninfa como protetora e com um mito próprio. Muitas destas ninfas ficaram famosas, como é o caso, entre outras, de Aretusa, que fazia parte do cortejo de Ártemis; Creúsa era uma outra Náiade da Tessália, filha de Géia, que se casou com o rio Peneu e foi mãe de dois filhos; Castália foi perseguida por Apolo.

As fontes mais conhecidas na Grécia eram Aganipo, Hipocrene, Castália e Pirene.

Aganipo nasce aos pés do monte Hélicon, na Beócia. Dizia-se que as suas águas tinham a virtude de inspirar os poetas e ela era consagrada às Musas. Perto desta fonte ficava a fonte Hipocrene, "a fonte do cavalo", assim chamada porque nasceu de uma patada que o cavalo Pégaso deu no monte Hélicon. As suas águas também favoreciam a inspiração poética. As Musas se reuniam em torno desta fonte para cantar e dançar. Muitas vezes, as duas fontes, por sua proximidade, são confundidas como se fossem uma só.

A fonte Castália, cujo nome quer dizer "aquela que brilha", ficava ao pé do monte Parnasso. Contava-se que Castália, anteriormente uma jovem de Delfos que, perseguida por Apolo, lançou-se numa fonte que recebeu seu nome e foi consagrada ao deus. Quem quer que bebesse de suas águas sentia-se poeticamente inspirado. A Pítia de Delfos, antes de proferir os oráculos e sentar na trípode, ia freqüentemente beber de suas águas, que dizia facilitar a sua inspiração.

A fonte de Pirene, que quer dizer "a borbulhante", era uma célebre fonte de Corinto. Foi perto das águas desta fonte que Belerofonte encontrou e se apoderou de Pégaso para se elevar nos ares e voar. Consoante Junito de Souza Brandão, existem duas versões para a sua origem: "Numa primeira versão, a heroína era uma das filhas do deus-rio Asopo. Unindo-se a Posídon, foi mãe de Leques e Quêncrias, heróis epônimos dos dois portos da grande cidade marítima do Istmo. Mas como Ártemis, acidentalmente, matara a Quêncrias, Pirene chorou tanto que suas lágrimas formaram a fonte de seu nome. Existe uma outra variante: a fonte de Pirene teria sido um presente de Asopo a Sísifo, como recompensa de um grande benefício que este lhe prestara."[4]

Nas civilizações mais antigas, os cultos religiosos se concentravam em torno das fontes e os lugares de peregrinação possuíam sempre uma nascente ou fonte, que eram vistas como lugares essencialmente sagrados, pois era aí onde ocorriam as hierofanias, a manifestação do poder divino. Por isso, as fontes recebiam o nome de um santo ou de uma ninfa. Por ser um lugar santo, isto é, puro, a fonte jorra uma água pura que atrai as ninfas; assim, toda fonte possuía a sua ninfa. "O diabo raramente está em relação com as fontes e muito poucas trazem o seu nome, ao passo que um grande número delas recebe a denominação de um santo e muitas a de uma fada."[5]

O caráter sagrado das fontes determinava então a proibição de algumas atividades em suas proximidades. Em algumas culturas como a maia, por exemplo, é proibido pescar nas águas das fontes ou cortar árvores a sua volta. Banhar-se em algumas fontes também era considerado proibido, a não ser com a permissão de um deus. Aquele que cometesse tal infração podia contrair doenças incuráveis ou mesmo ser punido com a morte. "Outro risco que se poderia incorrer com a violação da sacralidade das águas habitadas pelas ninfas das fontes, as Náiades, era ser tomado pela ninfa' e enlouquecer. Quem as visse tornava-se *nymphóléptos*, isto é, 'possuído pelas ninfas', entrando em delírio. Os latinos usavam para caracterizar este estado o adjetivo *lymphaticus*."[6] São inúmeras as descrições, nas lendas e no folclore, dos castigos infligidos àqueles que ousaram macular a sacralidade das fontes.

A fonte é considerada sagrada porque simboliza o lugar de onde flui a energia universal divina que dá origem à vida e o lugar de onde emana e flui toda a fecundidade. A fonte representa a generosidade e o amor de Deus com os homens. Para as mais diversas concepções religiosas, Deus é considerado a única, a última e verdadeira fonte real de onde surgem todas as coisas. No Egito antigo, o deus Hapi, considerado o deus do Nilo, era a Fonte da vida, tanto agrícola quanto espiritual. O *Bhagavad Gita* diz:

"Lembrai-vos da Fonte de todas as coisas, do distribuidor dos objetos desejados. Pensai no que é Divino, para que o Divino pense em vós."[7]

Em virtude do contínuo fluxo de suas águas, a fonte sugere esta inesgotável prodigalidade da doação divina. O jorrar da fonte marca simbolicamente o lugar cósmico de onde continua fluindo incessantemente a corrente da vida. No Tarô de Marselha, o Anjo da Temperança carrega duas urnas de uma água que flui de um lado para outro, simbolizando a vitalidade inexaurível que jorra incessantemente da fonte milagrosa, do céu para a terra. A fonte é, de uma maneira geral, considerada o ponto de emanação das águas virtuais, das forças cósmicas perenes. Como diz Bachelard: "A fonte é um nascimento irresistível, um nascimento contínuo."[8]

Consideradas desde sempre um lugar de manifestação do sagrado, as fontes revelam a força numinosa que lhes pertence, porque a água que delas corre é viva. Desta forma, era natural se concentrarem, em volta das fontes, numerosos cultos e ritos desde os tempos mais remotos, a partir do período Neolítico. "Assim, na fonte termal de Grisy foram encontrados objetos votivos neolíticos e romanos. Idênticos vestígios do culto neolítico (sílices partidos intencionalmente em sinal de ex-voto) foram encontrados na chamada fonte de Saint-Sauveur (Bosque de Compiègne). Tendo as suas origens na pré-história, o culto transmitiu-se aos gauleses, depois aos galo-romanos, dos quais o recebeu e assimilou o cristianismo."[9] Na Bíblia, as fontes sempre foram vistas como lugares de alegria e encantamento. São inúmeras as explicações e considerações de por que as fontes são universalmente vistas como lugares sagrados.

As fontes são vistas como pontos de emergência do sagrado, porque são a boca da "água viva" ou da "água virgem", a água maravilhosa da qual a oliveira retira o óleo, a videira o vinho e as demais espécies o que é seu. Desta "água viva" o homem espiritual também retira aquilo que lhe é próprio, a sua essência individual. É da fonte que se origina a "água viva" que jorra incessantemente; é, simbolicamente, o lugar de onde emana a criação, o desdobramento do Self. A "água viva" é a substância espiritual, mágica e medicinal por excelência e, por conter os germes da vida, a potencialidade geradora de vida, ela pode curar, rejuvenescer e assegurar a vida eterna. Ela é a matriz de todas as possibilidades.

A "água viva" é uma das inúmeras representações do arquétipo do "cosmo vivo" que tem o poder de se regenerar incessantemente. Sendo esta água um equivalente da imortalidade, ela é água sem morte e, por assim dizer, constitui-se numa doadora permanente de vida. Os alquimistas chamavam esta água de *aqua permanens*. E, como está escrito na *Gloria Mundi*: "O mistério de cada coisa é a vida, isto é, a água;

pois a água dissolve o corpo mudando-o em espírito e faz os mortos ressuscitarem como espírito." O símbolo desta água é associado com o Cristo, como a verdadeira "água viva".

Para os alquimistas, é da fonte mercurial que jorra a *aqua permanens*, a água eterna. Algumas gravuras alquímicas representam a fonte jorrando a água mercurial. Na borda desta fonte, há uma inscrição que diz: " Unus est Mercurius mineralis, Mercurius vegetabilis, Mercurius animalis" (O Mercúrio mineral, o Mercúrio vegetal e o Mercúrio animal são um só). O Mercúrio alquímico é considerado o "pater metallorum" (o pai dos metais).

A fonte mercurial tem a mesma representação do Self como o Homem Cósmico, o Anthropos, o Adão Kadmon, simbolizando por sua vez a totalidade inicial cósmica, de cujo corpo se originam todos os metais e o mundo todo. "O texto do Rosarium que acompanha a gravura da fonte mercurial preocupa-se principalmente com a 'água da arte', com a 'água viva', isto é, com o 'Mercurius'."[10]

E, por representar o início e a origem de todos os processos, a totalidade inicial, a fonte mercurial tem um caráter andrógino, é feminina e masculina ao mesmo tempo. O Mercúrio, como a substância universal, é também uma representação do andrógino e inclui os aspectos maternal e paternal.

Como a potência maternal material do mundo anímico, o Mercúrio que jorra da fonte através de três canos é chamado de "Lac Virginis" (Leite da Virgem) , "acetum fontis" (vinagre de fonte) e "aqua vitae" (água da vida). A água da fonte é o leite que jorra da terra. O leite é considerado a primeira bebida, o alimento primordial, o símbolo da abundância e da fertilidade tanto material quanto espiritual. O Leite da Virgem que jorra da fonte mercurial tem caráter iniciático que une a busca do conhecimento com a busca da vida eterna, da imortalidade.

Muitas vezes os alquimistas dão ao Mercúrio o nome de mênstruo, como o sangue da mãe que alimenta o embrião espiritual encerrado no vaso hermético. O sangue sempre foi visto com um caráter numinoso, por ser considerado a sede da vida ou da alma. A água da fonte, na sua qualidade feminina maternal, pode ser comparada, em seu significado gerador, à chuva, isto é, ao seu correlato masculino. A água fecundante da fonte possui um atributo germinativo semelhante ao sêmen. O feminino é uma fonte de vida, pois está ligado ao princípio vital de tudo que existe. A "água viva" que sai das fontes é o correspondente feminino do sêmen do céu, pois são as águas maternais, as águas que brotam do útero ctônico, do interior da terra. Estas águas femininas e maternais participam do simbolismo da fecundidade que é próprio da água.

É através das fontes que se dá a primeira manifestação da vida. Mircea Eliade diz: "Em Oxford, Child's Well é uma fonte conhecida por tornar fecunda as mulheres estéreis. Muitas crenças deste tipo estão contaminadas pela concepção da Terra-Mãe e pelo simbolismo erótico da fonte."[11] A fecundidade das fontes se liga, portanto, ao simbolismo da fecundidade da Terra como Mãe.

A fonte é o seio da terra do qual flui a vida, a fecundidade e a promessa de regenerescência. A fonte adquire assim um caráter erótico, porque ela concentra dois símbolos muito fortes de fecundidade feminina: o útero e o seio; a água e a terra. O lado sensual das fontes, o lado material, convive com sua natureza fortemente ligada ao espiritual. As suas águas são propiciadoras de benesses espirituais como aquelas qualidades benéficas do amor; assim, é perto das fontes que ocorrem os encontros essenciais, nasce o amor e os casamentos são iniciados.

A água aparece para a imaginação com o significado de matéria perfeita e espiritual por possuir as qualidades de transparência, leveza e quase incorporeidade. Talvez por esse motivo seja muito fácil ser projetada na água a idéia de pureza, como também ser a água o melhor canal simbólico para todas as fantasias e imaginações sobre a pureza. E a água da fonte é a que melhor pode encarnar este símbolo de imaculação, porque é intocada. Assim esta água, por ser altamente carregada de espiritualidade, possui uma natural pureza ontológica, por sua limpidez e cristalinidade.

A água da fonte é a água lustral, a própria substância essencial da pureza, possuidora da virtude purificadora. E, por assim ser, a água pode lavar, apagar todas as infrações, imperfeições e qualquer mácula. É este significado de anulação do negativo pelo ato da lavagem que está presente em muitas abluções ritualísticas. E este significado é o mesmo que é atribuído ao batismo cristão que lava o indivíduo do pecado original. O mito do dilúvio também contém o mesmo simbolismo: o mundo precisa ser lavado de todos os pecados para poder recomeçar de uma outra forma. Entre os antigos gauleses, as fontes eram divindades que possuíam a propriedade de curar feridas e de reanimar os mortos.

É devido ao fato de concentrar tantos valores simbólicos que à água da fonte é atribuído o poder de curar e de expulsar todas as doenças. Supõe-se que o contato com a água da fonte assegura sempre a regeneração e a cura. "Na França, o número de fontes e de rios com virtudes curativas é considerável."[12] E, ainda segundo Eliade, "as águas purificam e regeneram porque anulam a 'história', restauram — nem que seja por um momento — a integridade auroral".[13]

A água da fonte é a "água não-começada"; por isso ela também é considerada pura, isto é, não-contaminada pelo uso profano e cotidiano. Assim, concentra o poder germinativo e criador da água primordial. A água da fonte é curativa porque, sendo pura, refaz toda a criação, instaura a integridade primordial, absorve o mal e desintegra as formas imperfeitas e impuras. "Pausânias teve ainda ocasião de examinar e descrever a cerimônia que se desenrolava na fonte Hagno, na encosta do monte Licaios, na Arcádia: quando grassava a seca, o sacerdote do deus Licaios fazia ali sacrifícios e deitava para a fonte um ramo de carvalho. Com efeito, conta Pausânias, após a cerimônia um sopro ligeiro como uma nuvem levantava-se da água e começava a chover."[14]

As fontes concentram principalmente os significados simbólicos ligados à água como meio de regeneração, de purificação, como princípio de cura e elixir da juventude e da imortalidade. A fonte contém a energia divina regeneradora da vida física e espiritual. E as bebidas consideradas divinas como a ambrosia, o néctar, o soma, o hidromel, o haoma, o raki dos xiitas, e o elixir da juventude e da imortalidade dos alquimistas, são todas elas representações simbólicas da idéia arquetípica da fonte como distribuidora do conhecimento, da juventude, da imortalidade e da vida espiritual.

O soma é freqüentemente representado no *Rig Veda* sob a forma de uma nascente ou de um rio, mas também como uma planta paradisíaca que muitas vezes é colocada em um vaso. O *Mahabharata*, quando descreve o roubo do soma, mostra a sua natureza vegetal e aquática ao mesmo tempo. O haoma, à semelhança do soma, é concebido também como uma planta ou como uma nascente que cresce nas montanhas.

A videira é outra associação simbólica do vegetal com a água e detém, portanto, o mesmo significado de elixir da imortalidade. A vinha contém água no seu interior e a sua folhagem é formada de "espíritos de luz". É também da vinha que nascem as correntes de água santa destinadas a matar a sede dos homens. Cristo foi identificado com a vinha da vida.

E, segundo o Evangelho de São João, ele mesmo se identifica com a videira: "Eu sou a videira e meu pai é o agricultor. Todos os ramos que não derem frutos em mim ele os tirará, e todos os ramos que derem frutos ele os limpará, para que dêem mais frutos" (João 15, 1-5). Por associação simbólica o vinho é considerado a representação do sangue de Cristo, um símbolo do conhecimento, da iniciação à vida espiritual, da vida oculta, da juventude eterna. O vinho, como o sangue de Cristo, é análogo por sua vez à "água viva" ou *elixir vitae.*

As plantas e a água estão intimamente ligadas como representações do tema arquetípico do líquido ou alimento que fluem de um lugar santo, de uma fonte, e que têm o poder de conferir juventude, imortalidade e espiritualidade. "Conta-se, entre os iacutos, que no umbigo da terra ergue-se uma árvore florescente de oito galhos... A coroa da árvore esparge um líquido divino de um amarelo espumante. Quando os passantes o bebem, sua fadiga se dissipa e sua fome desaparece."[15] Um número muito grande de textos irlandeses fala de uma fonte de sabedoria em cujas margens cresce uma aveleira, coberta de frutas escarlate. Aí vivem os salmões da sabedoria que se alimentam das avelãs que caem na água. Esses textos dizem que aquele que comer da carne desses peixes torna-se vidente e onisciente. Esses textos relacionam, de forma surpreendente, vários símbolos do Self, como a árvore e o peixe, como a fonte do saber e da juventude, e mostram que a busca do verdadeiro conhecimento só pode ser alcançada pela alimentação espiritual, pois o homem converte-se naquilo que come.

A representação simbólica da fonte de onde jorra a "água pura" aparece freqüentemente ao lado da "Árvore da Vida" no centro de um jardim sagrado, ou no centro do Paraíso. O Paraíso terrestre está relacionado estreitamente ao simbolismo vegetal. Num conjunto simbólico, a "Fonte da Vida" e a

"Árvore da Vida" são representadas freqüentemente, juntas, significando um tipo de ponto primordial, de centro, de símbolo do universo, reforçando assim o próprio significado de centro sagrado cósmico de onde emana a vida. Na Bíblia, Luz era a amendoeira que Jacó denominou Beith-el, a casa de Deus. "Despertada por Odin do seu sono profundo, para revelar aos deuses os começos e o fim do mundo, a profetisa, a volva, declara:

> *Lembro-me dos gigantes nascidos na aurora dos tempos,*
> *Daqueles que outrora me geraram.*
> *Conheço nove mundos, nove domínios cobertos pela árvore do mundo,*
> *essa árvore sabiamente plantada cujas raízes afundam no âmago da Terra.*
> *Sei que existe um freixo que se chama Yggdrasil*
> *A copa da árvore está envolta em brancos vapores de água,*
> *Donde se desprendem gotas de orvalho que caem no vale.*
> *Ele ergue-se eternamente verde por cima da fonte de Urd.*[16]

"É sempre nos mesmos sítios, perto da Yggdrasil, que se encontra a fonte Urd; os deuses aí reúnem diariamente o seu Conselho e aí ministram a justiça. Com a água desta fonte, os Nornes regam a árvore gigante que recobra juventude e vigor."[17] A associação simbólica entre a água e a "Árvore da Vida" é muito freqüente nas narrações de caráter cosmogônico. Varuna, o deus das águas e da fertilidade, era a princípio a raiz da Árvore da Vida, a fonte de toda a criação.

A estreita vinculação entre a fonte da imortalidade e a "Árvore da Vida" nos permite concluir tratar-se da mesma representação do simbolismo do Centro sagrado primordial. A representação da fonte jorrando do Centro do Paraíso terrestre, ao lado da Árvore da Vida é mais uma das manifestações da idéia arquetípica do Centro como um pilar do mundo, onde a realidade absoluta se manifestou pela primeira vez e de onde continua se manifestando. O Centro é o lugar-receptáculo do sagrado e de onde emana o sagrado. É um lugar de retorno do homem à realidade absoluta. Como diz Victor Hugo:

> *O velho que retorna à fonte primeira,*
> *Entra em dias eternos e deixa os passageiros:*
> *E nos olhos do jovem vê-se a chama,*
> *Mas nos olhos do velho vê-se a luz.*[18]

A fonte é uma das inúmeras representações da imagem do Centro como o local sagrado onde o divino se manifesta. O Centro é o Princípio e o Real absoluto. E, antes de mais nada, corresponde à imagem mais próxima que o homem pode fazer de Deus. Hermes Trimegisto descreve Deus como uma esfera cujo centro está em toda parte e cuja circunferência não está em parte alguma. Como imagem do Centro, a fonte adquire também o significado de ônfalo, de "umbigo do mundo", que é, por sua vez, considerado universalmente um dos símbolos do Centro. Segundo René Guénon: "O Centro é, antes de tudo, a origem, o ponto de partida de todas as coisas; é o ponto principal, sem forma e sem dimensões, portanto invisível, e, por conseguinte, a única imagem que se pode atribuir à Unidade primordial."[19]

Um grande número de cosmogonias supõe que a origem do mundo se deu a partir de um "umbigo" de onde a manifestação se irradia nas quatro direções. Em algumas representações, a Fonte primordial, nascendo ao pé da "Árvore da Vida", que é também um "Eixo do Mundo", se divide em quatro, formando então quatro rios cujas águas fluem para os quatro cantos do mundo. O Éden era descrito como um lugar cheio de árvores frutíferas, ouro e pedras preciosas. E era visto como a fonte original das águas doces da Terra; o rio que fluía dela dividia-se em quatro correntes, que corriam para os quatro pontos cardeais.

A mitologia escandinava fala de uma fonte, na terra dos deuses, chamada Hvergelmir, de onde correm quatro rios. Os índios navajos descrevem o Paraíso como um lugar sagrado, em cujo Centro há uma fonte da qual fluem quatro rios, cada qual se dirigindo para um dos quatro pontos cardeais. Kwen-Iun, a montanha do Paraíso dos chineses, possuía igualmente uma fonte central da qual fluíam, em direções opostas, os quatro rios do mundo.

Ao lado da "Árvore da Vida" e da Montanha Cósmica, a fonte é uma das inúmeras representações da idéia arquetípica do Paraíso como o Centro sagrado e primordial, o "Eixo do Mundo", que contém em si mesmo todas as virtualidades e, portanto, a origem de tudo o que existe. A Cabala fala no *Sepher Ietzirah* que é um tipo de Centro do Mundo. Entre os iranianos, o protótipo do Paraíso é descrito como o jardim de Yima, o primeiro homem. O jardim de Yima estava localizado numa montanha mítica chamada de "...a fonte da Água da Vida". Na arquitetura árabe é comum a construção de pátios ou jardins quadrados, cujo centro é ocupado por uma fonte, representando a idéia do Paraíso. Esta concepção espacial tem grande valor iconográfico e mostra com precisão, na sua configuração, a idéia de lugar santo, paradisíaco.

A fonte é, portanto, considerada simbolicamente como o Centro do universo, o Coração do Mundo, a origem da vida e do conhecimento. O coração não é só o centro biológico vital do homem, mas também o seu centro espiritual. Para Angelus Silesius o coração é o templo e o altar de Deus. Na Índia, o coração é considerado como o Brahmapura, a morada de Brahma. É do Coração-Fonte de Sofia que brota a sabedoria do Self, o sentimento capaz de alimentar o espírito. Sofia é a imagem abstrata do poder espiritual que é amoroso e redentor ao mesmo tempo. É do seu coração que se derrama a vida-alimento espiritual que propicia a transformação do espírito. O coração transpassado de Cristo é a Fonte da Vida, onde o cristão deve beber para realizar a sua transformação espiritual.

A fonte como Centro cardíaco de onde flui a vida em suas várias direções, manifestações e formas é uma representação visível de Deus, de onde tudo se origina. Toda a criação é uma manifestação da plenitude de Deus como fonte, um transbordamento de sua energia. Em termos psicológicos, toda a vida psíquica se origina do Self, é um transbordamento da energia do arquétipo central. A fonte é uma imagem da alma e do espírito como origem do conhecimento interior e da manifestação da energia espiritual. Por isso as Musas dançavam em volta da fonte de Hipocrene, em volta de um centro sagrado. "A dança das Musas em volta da fonte forma um círculo, fortalecendo o caráter mandálico da própria fonte. E a mandala é uma das representações do Self. A mandala é literalmente um círculo e determina um espaço sagrado como o altar e o templo, de onde emana a energia infinita do sagrado. O círculo ininterrupto formado pela dança das Musas simboliza o fluxo ininterrupto, inesgotável, e a perenidade vital da fonte, do Self."[20]

Como o receptáculo e a distribuidora de todo o conhecimento, a fonte assim se assemelha à memória. "No mundo subterrâneo havia duas fontes que estavam associadas entre si por constituírem polaridades: a fonte de Lete, a fonte do esquecimento, e a fonte de Mnemósina, a fonte das águas frescas e cristalinas que conduz ao reino dos heróis. Na Beócia havia também uma fonte dedicada a Lete e outra a Mnemósina, onde esta era adorada."[21] As Tábuas Órficas também falam de uma fonte da memória, situada no Hades, cuja água fresca leva aqueles que a bebem ao mundo dos heróis.

Pelo fato de a fonte pertencer ao Centro supremo, a sua água é pura e detém a totalidade do conhecimento, do passado, do presente e do futuro, logo, também, do poder profético, que inclui as três dimensões do tempo. A fonte, com suas águas murmurantes, transmite a linguagem da alma que é o idioma do inconsciente. A fonte é o lugar central de manifestação divina, onde as sacerdotisas recebiam e comunicavam a sabedoria dos deuses. Foi numa fonte que o Deus Odin recebeu as runas da sabedoria.

Por ser a fonte a detentora do conhecimento profético, os oráculos estavam muitas vezes localizados nas proximidades das fontes. A água da fonte de Castália, em Delfos, inspirava a Pitonisa. "O oráculo de Delfos, situado no cume de uma montanha, desempenha um papel muito importante no mundo grego e na mitologia porque era lá que se situava a fonte Castália e o rio Céfiso. Era considerado o centro do mundo e muitos peregrinos, vindos de países estrangeiros ou da própria Grécia, vinham visitá-lo."[22] "A Pítia, a sacerdotisa de Apolo, antes de responder às perguntas dos consulentes, bebia da água da fonte de Castália e mascava folhas de louro, a planta consagrada ao deus."[23] "Em Colofônia, o profeta bebia a água de uma fonte sagrada que se encontrava na gruta. Em Claros, o sacerdote descia à gruta, bebia a água de uma fonte misteriosa e respondia em versos às questões que se lhe punham em pensamento."[24]

A concepção de que o poder profético emana das fontes é largamente difundida; portanto, as fontes são tidas como lugares de revelação, de conhecimento e de sabedoria espiritual. O Eclesiastes diz que no coração do sábio reside a água; ele é semelhante a um poço e a uma fonte. E Jesus, no seu diálogo com a samaritana, se mostra como o senhor da água viva, como a *fons vivus*. Ele diz: "Aquele que beber da água que eu lhe darei não terá mais sede ... a água que eu lhe darei se tornará nele fonte de água a jorrar em vida eterna" (João, 4, 4). "Entre os germanos, a fonte de Mimir continha a água do saber: sua água é tão preciosa que, a fim de que lhe fosse permitido bebê-la, o deus Odin aceitou entregar um de seus olhos. Por esse preço ele bebeu a água do conhecimento, da profecia e da poesia."[25]

As ninfas das fontes compartilham destes poderes atribuídos às fontes. Às Náiades, consideradas as ninfas das fontes, eram atribuídos os dons proféticos de suas águas. E também lhes é outorgado o poder de cura. O contrário também é verdade: certas fontes passavam por milagrosas devido às ninfas que as habitavam. A ninfa Calipso aparecia representada sentada no "Centro do Mundo", ao lado do "omphalos", da "Árvore da Vida" e das quatro nascentes.

As fontes da juventude ou da sabedoria, das quais flui o protótipo da água que é a "água viva", não são acessíveis a todas as pessoas, pois o conhecimento sagrado e a sabedoria são frutos de uma iniciação. Geralmente, estas fontes estão guardadas por monstros ou dragões, acham-se em lugares de difícil acesso e pertencem a demônios ou à divindade. O jardim das Hespérides, do mito grego, é o jardim das maçãs de ouro, onde vivem as filhas de Atlas e de Hésperis. Era guardado por um dragão, que foi vencido por Héracles. O encontro com esses monstros representa uma das provas que deve ser vencida e ultrapassada por aquele que busca a "água da vida". Pois o dragão é aquele que impede ou dificulta o acesso aos tesouros ocultos. A lenda de Siegfried diz que o tesouro guardado pelo dragão é a imortalidade. Para os hindus, o dragão é quem produz o soma, a bebida da imortalidade.

Os dragões são projeções psíquicas do indivíduo e constituem os seus próprios impedimentos internos para a busca da realização de sua individuação. Estes monstros geralmente aparecem projetados fora da psique, no mundo externo, no outro, o que dificulta ou adia sempre o autoconhecimento ou o confronto consigo mesmo. O verdadeiro dragão está dentro de cada um, vedando o acesso ao tesouro interno de possibilidades criativas e espirituais. A verdadeira vitória é sobre os impulsos, instintos e sentimentos negativos. O reconhecimento do dragão como as forças internas coloca o indivíduo diante de si mesmo, diante de sua própria sombra, suas fraquezas, apegos e ilusões. Como diz Campbell: "Somos mantidos fora do jardim pelo nosso próprio medo e desejo em relação ao que pensamos sejam os deuses da nossa vida."[26]

A luta entre o herói e o dragão é um conhecido tema arquetípico que simboliza a luta do indivíduo contra as suas próprias tendências negativas e regressivas. A conquista da "água da vida" implica trilhar um caminho de autoconhecimento cheio de provas, e corresponde a uma iniciação, exatamente como a busca da "Árvore da Vida", a busca da pedra filosofal ou o caminho de individuação proposto por Jung. No entanto, apesar de o seu acesso ser difícil, esta fonte pode ser alcançada por aquele que trilhar o caminho de busca interna, o caminho do coração. A busca da fonte da sabedoria que está situada no centro do Paraíso simboliza a jornada simbólica de profunda transformação interior.

A busca da água da fonte como aquela que possui todas as virtudes e que, portanto, confere a juventude, o conhecimento, a imortalidade, a cura e os dons proféticos revela o desejo do homem de recobrar o estado de totalidade e de integridade anterior. Como diz Eliade, é "a Nostalgia do Paraíso, o desejo de recobrar o estado de liberdade e beatitude anterior à 'queda', o desejo de restaurar a comunicação entre a Terra e o Céu; numa só palavra, de abolir todas as mudanças feitas, na própria estrutura do cosmo e no modo humano de ser, pela disrupção primordial".[27] Ainda segundo Eliade: "A nostalgia das origens é uma nostalgia religiosa. O homem deseja recobrar a presença ativa dos deuses."[28]

Embora o homem moderno esteja afastado da consciência de pertencer a uma unidade, ele traz na memória a "nostalgia do paraíso perdido", que revela o seu desejo de reencontro com a Fonte Divina de todos os bens. O homem deseja fazer a sua religação com Deus, do qual estava apartado, e a sua busca se refere ao seu anseio de retorno ao centro, à origem, à fonte primordial, ao Éden, para a realização de sua reintegração na fonte da Totalidade.

É essa nostalgia das origens que leva o homem à procura das fontes da imortalidade e da juventude, onde ele pode beber a água real, fresca, pura e forte vinda das mãos do Deus Pai-Mãe Criador.

CAPÍTULO 5

Os Lagos, as Lagoas e suas Ninfas: As Limneidas

Os lagos e lagoas como as fontes e os cursos d'água, possuíam as suas divindades tutelares. Eles eram vistos como a moradia das ninfas, das fadas e dos espíritos da água. Dizia-se que essas entidades costumavam atrair aqueles que se aproximavam de suas bordas. Era crença comum que os lagos, na sua profundidade, escondiam passagens e entradas para o Hades.

Os lagos e as lagoas, com suas ninfas, as Limneidas, sempre foram considerados lugares sagrados. Às suas margens erguiam-se templos ou santuários consagrados às divindades. Quando não havia lagos naturais perto dos templos,

223

eram criados lagos artificiais, para nas suas margens realizarem-se os mistérios, e era aí o lugar onde os sacerdotes faziam as suas abluções rituais.

Ao caráter sagrado de suas águas era também acrescentado o poder de lavar os pecados e as faltas. Os banhos rituais de imersão com a finalidade de purificação eram realizados nos lagos. "Na baixada de Fayum, no Egito, estende-se um imenso lago. Os teólogos egípcios da Antigüidade viam nele a manifestação real e terrestre da Vaca do Céu... um céu líquido onde o Sol se escondera misteriosamente... um afloramento do Oceano, manifestação de todos os deuses, dando vida aos humanos, a garantia da existência e da fecundidade."[1]

Por ser um lugar onde as forças permanentes da criação se manifestam, as águas do lago contêm o poder fertilizador. Em muitas culturas, as mulheres estéreis faziam apelos e imploravam pela graça da fertilidade nas margens dos lagos. Fu-hi, considerado o fundador da civilização chinesa, nasceu num lago onde se dizia que habitavam dragões. O dragão como distribuidor da fertilidade aparece freqüentemente associado e descrito como um habitante dos lagos e das lagoas. A associação do dragão com a fertilidade aparece mais freqüentemente nos textos arcaicos chineses. "O pai de Kao-Tsu chamava-se T'ai-Kong; a sua mãe chamava-se a venerável Liu. Achando-se a venerável Liu a repousar nas margens de um lago, sonhou que se encontrava com um deus; neste momento ouviram-se trovões, viram-se raios e sobreveio grande obscuridade; T'ai-Kong foi ver o que se passava e viu um dragão escamoso por cima de sua mulher; depois, esta ficou grávida e nasceu Kao-Tsu."[2]

O lago foi desde sempre visto como um espaço santo por excelência, porque é o lugar onde o divino se manifesta e onde ocorre a irrupção do sagrado por hierofania, isto é, de forma indireta, ou por epifania, de forma direta. Assim, o lago pode ser considerado simbolicamente um microcosmo, catalisador e revelador da essência do sagrado. O lago reflete constantemente o céu. E o céu sempre simbolizou a divindade. "Imobilizando a imagem do céu, o lago cria um céu em seu seio."[3] A alquimia chinesa já havia transferido o céu para o interior do microcosmo humano.

O lago, como toda a natureza, é uma hierofania de Deus e ao mesmo tempo revela o seu desejo de se ver. Na Índia, o símbolo do Raio Luminoso que traz a luz e reflete a superfície das águas tem o significado de uma irrupção do sagrado, de uma manifestação do deus Purusha sobre a natureza.

O lago nos remete sempre à questão do olhar. O olhar é sempre o veículo de uma descoberta e de uma revelação. Ver e entender são metáforas. O conhecimento mais profundo requer um tipo de consciência desperta na qual os olhos internos estão abertos. O homem, por possuir o sentido da visão tanto interna quanto externa, tem a possibilidade de contemplar a beleza de Deus diretamente na natureza. Como disse Leonardo da Vinci:

"Não vês que o olho abraça a beleza do mundo inteiro? (...) É janela do corpo humano, por onde a alma especula e frui a beleza do mundo, aceitando a prisão do corpo que, sem esse poder, seria um tormento."[4]

Os olhares recíprocos de Deus e do homem constituem todo o jogo da criação. Meister Eckhart disse: "O olho com o qual eu vejo Deus é o mesmo olho com o qual Deus me vê." Podemos dizer que o homem foi criado por Deus para que pudesse contemplá-lo e tomar consciência da sua própria essência divina. Platão, no Timeu, diz que os deuses nos deram a visão para que pudéssemos contemplar as estrelas, o Sol e o firmamento e fazermos um discurso sobre o cosmo. E também Descartes disse:

"O olho pelo qual a beleza do universo é revelada à nossa contemplação é de tal excelência que todo aquele que se resignasse à sua perda privar-se-ia de conhecer todas as obras da natureza cuja vista faz a alma ficar feliz na prisão do corpo, graças aos olhos que lhe representam a infinita variedade da criação."[5]

O homem é o lago onde os deuses se olham, é o espelho que reflete a criação e onde Deus se vê refletido. Para os sufis, o olhar de Deus e o olhar do homem invocam-se um ao outro e não existem um para o outro senão por meio de um e de outro. Este olho de Deus vê o mundo como um todo, como a reunião de opostos, onde Deus e o homem são a mesma coisa, fazem parte da totalidade. O poeta sufi Hafiz de Chiraz diz que é sobre o jogo mágico do olhar de Deus que colocamos a razão e o fundamento de nosso ser. Sem esses olhares, a criação perde toda a razão de ser. A representação de Deus como um grande olho que tudo vê é um tema arquetípico que aparece com bastante freqüência nas representações religiosas. O Velho Testamento diz que o olho de Deus está em toda a parte, observando o bem e o mal.

"O lago é um grande olho tranqüilo."[6] O lago é o olho de Deus na terra, é o olho divino profundo que nos olha e se olha incansavelmente. O lago é o olho de Deus querendo se ver a si mesmo, desejando se olhar através de sua própria criação. A criação é o seu reflexo e o lago é o olho da natureza, olhando-se a si mesma.

Por ser o lugar continente de todas estas projeções simbólicas, o lago não poderia deixar de evocar a questão do olhar. E, na natureza, é a água que nos traz a possibilidade do olhar sobre si mesmo. "O verdadeiro olho da terra é a água. Nos nossos olhos, é a água que sonha. Nossos olhos não serão esta poça inexplorada de luz líquida que Deus colocou no fundo de nós mesmos?"[7]

Assim, o lago, como um olho sensível, assume o lugar de símbolo da complexidade humana e das infinitas possibilidades de auto-reflexão, de autoconhecimento e da autotransformação. É através do olhar que o homem pode ampliar a consciência de si mesmo e se transformar. Por seu chamamento a uma interioridade, a uma descida e entrada no mais profundo de cada um, o lago é um lugar propício à introspecção. Como intuiu Baudelaire sobre a água do mar, vista por ele como um grande lago no qual o homem se espelha:

Homem livre, tu sempre amarás o mar!
O mar é teu espelho; contemplas tua alma
No desenrolar infinito de sua onda,
E teu espírito não é um precipício menos [amargo

...Sois todos os dois tenebrosos e [discretos:
Homem, ninguém sondou o fundo de teus [abismos.
Ó mar, ninguém conhece tuas riquezas [íntimas.
De tal modo cuidais de guardar vossos {segredos.

No mito grego, é a água que dá a Narciso a possibilidade de se ver pela primeira vez. Existe na natureza esta possibilidade em contínua disponibilidade para aquele que o deseja. "O olhar de Narciso sobre si mesmo é a metáfora de que a vida do homem está ligada a um contínuo auto-refletir."[8] É através das águas do lago, com seu caráter especular, que o ser é pensado e o mundo é representado, pois o ser é a representação de um mundo. Como diz Bachelard: "Um mundo sem água é um mundo sem a possibilidade de revelação."[9] O homem e o mundo estão sempre num eterno diálogo em que um reflete o outro.

O olhar do lago é a metáfora do olhar do outro que revela aquele que o fita. O olhar é o espelho que revela de forma recíproca quem olha e quem é olhado. A água do lago, com a sua qualidade de espelho refletor, traz assim a idéia muito forte de um outro olho que revela. "Narciso olha-se embevecido na reflexão de si mesmo e no reflexo do outro que o reflete e o faz ver a sua condição de ser finito, num mundo infinito do qual está apartado."[10] Platão, no Primeiro Alcibíades, descreve um diálogo entre Sócrates e Alcibíades:

Sócrates: Que coisas haveremos de olhar para que nos vejamos a nós mesmos?

Alcibíades: Certamente um espelho.

S: Dizes bem. Mas nos olhos com que vemos não há algo semelhante?

A: Sem dúvida.

S: Não notaste que, quando olhamos o olho de alguém que está diante de nós, nosso rosto se torna visível nele, como num espelho, naquilo que é a melhor parte do olho e a que chamamos pupila, refletindo assim a imagem de quem olha?

A: Exatamente.

S: Deste modo, o olho ao considerar e olhar outro olho, na sua melhor parte, assim como a vê também vê a si mesmo.

A: Assim parece.

S: (...) portanto, se o olho quiser ver-se a si mesmo, terá que dirigir o olhar para um outro olho, e precisamente para aquela parte do olho onde se encontra a faculdade perceptiva. Essa faculdade chamamos visão (...) Pois bem, se a alma desejar conhecer-se a si mesma, deve olhar para uma outra alma em sua melhor parte e ali onde se encontra a faculdade própria, a inteligência ou algo que lhe assemelhe (...) haveria nela parte mais divina do que aquela onde se encontram intelecto e razão?

A: Não.

S: Essa parte é realmente divina, e quem a olha descobre o sobre-humano, o divino, e assim conhece melhor a si mesmo (...) Assim como os espelhos reais são mais claros, mais puros e luminosos do que os espelhos dos nossos olhos, assim também a divindade é mais pura e luminosa do que a parte superior da nossa alma (...) Olhando a divindade, nos servimos do melhor espelho, e nele nos vendo conhecemo-nos melhor (...) E conhecer-se a si mesmo, não é o que chamamos de sabedoria?[11]

O olhar é tanto o símbolo quanto o instrumento de uma revelação, pois desvela quem olha e aquele que é olhado. O olho do outro é um lago que reflete a alma daquele que olha e no qual o outro também se vê revelado. Como diz Paul Eluard, um mestre no tema do olhar:

A curva de seus olhos dá a volta em meu coração
Uma roda de dança e de doçura,
Auréola do tempo, berço noturno e seguro,
E se não sei mais tudo o que vivi
É porque os seus olhos nem sempre me viram.[12]

O olhar para si mesmo, o se ver e o ser visto, é uma necessidade humana de autoconhecimento que muito cedo já aparece na criança. A criança necessita do olhar da mãe, de se ver refletida neste olhar-espelho, para saber quem é ela. O reflexo da mãe sobre a criança é a condição psíquica indispensável para a construção e a formação de sua identidade, de seu universo psíquico, de sua auto-estima. As crianças também adoram se olhar no espelho. O ser humano necessita se ver refletido e ser refletido. Leonardo da Vinci disse:

"Ó admirável necessidade! Quem acreditaria que um espaço tão reduzido seria capaz de absorver as imagens do universo?"[13]

A água do lago adquire, mais do qualquer outra água, a qualidade simbólica de espelho, acrescentando às suas múltiplas qualidades a dimensão do reflexo. A água do lago se impõe como uma água refletora de imagens. Podemos dizer que esta água é criadora e reveladora de imagens. O lago é o espelho da natureza, produtor de metáforas e de reflexos. Como disse Mallarmé:

Ó espelho!
Água fria pelo tédio em teu caixilho gelada
Quantas vezes e durante horas, desolada
Dos sonhos e buscando minhas lembranças, que são
Como folhas sob teu gelo no oco profundo,
Em ti eu me vi como uma sombra distante,
Mas, horror! algumas noites, em tua severa fonte,
De meu sonho esparso conheci a nudez!

No mito de Narciso, é através do reflexo que o espelho d'água revelou a dimensão do ser de Narciso, a sua dimensão imaginária e simbólica. "Diante das águas, Narciso tem a revelação de sua identidade e de sua dualidade, a revelação de seus duplos poderes viris e femininos, a revelação, sobretudo, de sua realidade e de sua idealidade."[14] É, pois, diante da água que Narciso se vê revelado a si mesmo. O que a água revela é uma imagem, é um reflexo, não o ser como ser, em sua materialidade, mas o ser na sua verdadeira essencialidade. Na tradição religiosa japonesa, o espelho está relacionado com a pureza e com a verdade. Charles de Bovelles percebeu com profundidade a relação de identidade entre o olho e o espelho: "Assim, o olho e o espelho aproximam-se tanto que acabam por formar a substância de um espírito único e sem partes, tão mutuamente presentes um ao outro que nenhum intermediário opaco interpõe-se entre eles (...) A primeira imagem que está destinada a ser recolhida pelo espelho é a imagem da forma do olho."[15]

O lago tem um olho que olha para dentro e outro olho que olha para fora. O lago fornece a possibilidade de olhar de forma extrovertida ou introvertida. Um olho mais profano, que olha para a própria imagem refletida no mundo e no outro e que procura apreender a significação que se possa ter para este outro que o olha; e o olhar sagrado, para dentro, para a alma, em busca de uma realidade transpessoal, em busca do Self, deste "outro" como uma dimensão muito maior, determinante do desenvolvimento. É neste olhar para a interioridade que se pode tomar conhecimento daquilo que é mais íntimo a cada um, a realidade do Self, do deus interno.

Edgar Poe, na "Ilha das fadas", diz: "O interesse com que... tenho contemplado o céu refletido em muito lago límpido tem sido um interesse grandemente aprofundado pelo pensamento... de que o contemplo sozinho."[16] Neste sentido, o lago se constitui na escada imaginária que permite a descida para um tipo de interioridade, o interior do microcosmo individual, para o Self. Este olho que olha para o interior é o olho espiritual, o olho de Buda, como o chamam os budistas, que permite ver o mundo de uma outra forma, iluminando o escuro e a ignorância. Para a Psicologia Analítica, o Buda interno é o Self, a imagem da totalidade. Olhando a vida com os olhos do Self se obtém a visão profunda interna, o *in-sight*, as respostas corretas para as perguntas e a visão rápida e antecipada de situações.

O coração humano é como um olho-lago que observa a realidade de Deus dentro de si mesmo. O esoterismo do Islã já havia intuído esta verdade: o Céu fica no interior da alma, diz Abu Ya'qub. O lago é espelho que revela o transcendente. Na superfície de suas águas, o lago revela o Céu e a presença do divino. O lago sempre sugere uma outra realidade sensível, o aspecto do sonho e da autocontemplação, de autoconsciência e, portanto, de revelação da alma.

O lago, como espelho refletor, descortina ainda uma realidade escondida, o outro lado, aquilo que está oculto atrás do espelho. O lago pode ser considerado como um lugar de revelação também do não-nomeado, do inconsciente, do mundo interior das sombras, dos aspectos negados da personalidade. O outro lado do espelho guarda a outra face, o outro eu, com os seus desejos mais ocultos e inconfessáveis. As águas especulares do lago podem ser vistas como a porta simbólica para uma outra realidade, muitas vezes não revelada. Jean Cocteau, em *Orphée*, explorou o tema do espelho como o revelador de mistérios e o veículo que permite a entrada de Orfeu para outra realidade.

Atravessar o espelho é passar de uma realidade a outra, ou do domínio do real para o irreal ou supra-real. O lago, da mesma forma que o espelho, marca e define a passagem: a entrada e a saída desta outra realidade. Este tema também foi extensamente explorado por Lewis Carrol em *Através do Espelho*. No *Orfeu*, de Cocteau, quando as pedras atiradas pelas Bacantes em Orfeu quebram o espelho, ele não pode mais se comunicar com Eurídice e será ela quem sairá do espelho para vir encontrá-lo.

Na profundidade vertical das águas do lago existe outro mundo, um mundo inverso ao da superfície: "A água em sua jovem limpidez, é um céu invertido em que os astros adquirem nova vida."[17] O espelho mostra esta mesma inversão, mas através de uma profundidade horizontal. Lewis Carrol lembra freqüentemente em suas duas obras mais conhecidas, *Alice no País das Maravilhas* e *Através do Espelho*, o tema da inversão especular entre dois mundos: Alice anda no sentido inverso para encontrar a Rainha Vermelha; o mensageiro Haigha grita no ouvido do Rei Branco para contar um segredo, a Rainha Branca grita de dor antes de se picar no dedo, etc.

Se na sua superfície o lago reflete o Céu, na profundidade de suas águas, no inverso de si mesmo, o lago revela o Hades. O lago, com a sua qualidade especular de revelador do inverso, é o veículo adequado para o conhecimento do mundo dos inversos, o mundo dos mortos. O mundo dos mortos é miticamente denominado um mundo inverso e paralelo. Era crença geral nas sociedades míticas que os mortos vão para o outro lado, um outro mundo paralelo e inverso ao dos vivos. Jean Cocteau diz que o espelho mostra o nosso envelhecimento, o trabalho da morte em nós, e por isso ele é a via de acesso para o mundo dos mortos. Orfeu é um explorador que mergulha em águas desconhecidas pelo desejo de conhecer outras realidades paralelas. Quando Orfeu manifesta o desejo de ir buscar Eurídice nos Infernos, ele é ajudado por Heuterbise, que o conduz para diante de um espelho e lhe diz:

"Eis o seu caminho (...) Entrego-lhe o segredo dos segredos. Os espelhos são as portas pelas quais a Morte vai e vem.
"Com estas luvas você atravessará os espelhos como se fossem água."

A água do lago está profundamente impregnada com a qualidade de morte. Mergulhar em suas águas é mergulhar na morte. Era crença comum que os lagos escondiam nas suas profundidades entradas e passagens para o reino dos mortos, para o Hades. O lago, como toda água, evoca fortemente o aspecto da morte. Como diz Bachelard, "Contemplar a água é dissolver-se, é morrer". Pois "a água é um convite à morte; é um convite a uma morte especial que nos permite penetrar num dos refúgios materiais elementares".[18] Heráclito diz: "Para as almas é morte tornar-se água." Segundo Mircea Eliade, os figianos fazem uma distinção entre o espírito sombrio ou sombra de um homem, que vai para o Hades, e o seu espí-

233

rito claro ou reflexo na água ou num espelho, que permanece perto de onde o homem morre.[19]

Reforçando e dando continuidade ao significado da morte ligada à imagem do lago, este também representa o aspecto passivo, a beatitude sonolenta, que pode assumir um caráter perigoso. Simboliza a força da profunda inércia que exerce, de alguma forma, uma ação regressiva e desestruturante no ego frágil, onde está ausente a força chamada de vontade própria. Por isso, neste tipo de estrutura egóica, o ego se deixa sempre levar. O lago pode assim apresentar uma marcada qualidade de atração pela passividade e pela regressão em um ego débil. As ninfas do lago assumem, projetivamente, este caráter perigoso de atração.

No seu significado negativo, o lago pode assumir o lado ligado ao desejo de reabsorção, encarnando o perigoso e fatal desejo da *solutio*, como a expressão de um desejo regressivo. Um exemplo disso ocorre na história de Hilas. Durante a expedição dos Argonautas, Hilas, o predileto de Héracles, foi encarregado de buscar água. Jogado num lago por ninfas aquáticas, jamais foi visto novamente. Hilas sucumbe aos seus desejos regressivos. Na mitologia grega, temos ainda dois exemplos conhecidos; o caso de Narciso e o de Hermafrodito. Estes dois mitos, além do aspecto positivo da imersão com a finalidade de regeneração e de renascimento, também apontam para o lado regressivo do mesmo tema, o desejo de se dissolver, de entrega ao princípio do prazer absoluto.

Mas nem toda *solutio*, nem toda imersão, tem este aspecto negativo. A *solutio* pode simbolizar a busca do conhecimento, da iluminação e da totalidade. O encontro com Deus se dá através do mergulho na interioridade de si mesmo, nos aspectos mais obscuros da alma. Com Plotino, a *solutio* assume o aspecto de encontro espiritual com o saber verdadeiro, pois este exige uma espécie de mergulho, uma imersão da alma na beleza e no bem primordial. Neste tipo de *solutio*, Plotino diz que também é exigido o desprendimento das necessidades do corpo, para que alma se liberte e possa abrir o olho do espírito. Assim a alma, abandonando a consciência de sua própria forma e do mundo, está liberta para a imersão e fusão na pura luz.

O lago sugere um tipo de verticalidade simbólica onde se demonstra a ligação entre o que está no alto e o que está embaixo. Como diz o poema alquímico:

Céu em cima
Céu embaixo
Estrelas em cima
Estrelas embaixo
Tudo o que está em cima
Também está embaixo
Percebe-o
E rejubila-te.

A Tábua da Esmeralda diz que aquilo que está no alto corresponde àquilo que está embaixo, mas em sentido inverso. A manifestação é um reflexo invertido do Princípio, e é esta verdade que está representada nos dois triângulos invertidos que formam o hexágono da estrela-de-davi. A ascensão espiritual está relacionada ao reconhecimento do homem do seu lado terreno e do seu lado divino, através da descida no inconsciente de cada um.

A ascensão espiritual seria o resultado da luta do homem para unir as forças contrárias, a Terra com o Céu. Como a tradição órfica já dizia, o homem possui em si mesmo um lado terreno e um lado celeste, ele é filho do Céu e da Terra. É no jogo desta relação vertical que o filho do Céu e da Terra pode resolver as suas contradições e realizar a sua integração e to-

235

talização. Como diz a tradição hermética da Tábua de Esmeralda, o homem ascende da Terra ao Céu e desce de volta do Céu à Terra. A relação vertical simbólica sugerida pelo lago representa, por sua vez, o poder que desce do alto sobre a humanidade e, no sentido inverso, os anseios do homem por uma ascensão espiritual.

Na qualidade de Centro, cuja verticalidade reúne as múltiplas dimensões da existência, o Céu, a Terra e o Hades, o lago se elege então como um lugar de comunicação e de relação entre os vários níveis possíveis da experiência humana. Ele se constitui, então, como um Centro simbólico de onde se originam e para onde convergem as várias correntes de energia cósmica. E, como representação de um Centro Cósmico, o lago se assemelha a outros símbolos da mesma natureza, como a Árvore, a Montanha, a Fonte Cósmica, e compartilha do mesmo significado simbólico.

Pela sua própria forma esférica, o lago conjuga em si mesmo o simbolismo do Centro e do círculo. É como um círculo impresso plasticamente na natureza que o lago pode encarnar perfeitamente a representação da totalidade indivisível, da essência do ser único. O círculo é um símbolo de Deus, da Eternidade: "Segundo textos de filósofos e de teólogos, o círculo pode simbolizar a divindade considerada não apenas em sua imutabilidade, mas também em sua bondade difundida como origem, substância e consumação de todas as coisas; a tradição cristã dirá: como alfa e ômega."[20] O lago é um círculo representante do Céu, da Unidade primordial, mas em sua relação com o terreno.

O círculo é a energia divina que envolve a manifestação do humano. A superfície do lago também apresenta outros círculos concêntricos que, por sua vez, simbolizam as várias categorias de manifestação do ser, as várias hierarquias da experiência e o mundo distinto de seu princípio original. O lago também sugere uma dimensão horizontal, terrestre, onde a vida humana flui e se move e onde o homem se situa no momento, antes de sua passagem para outra dimensão.

Assim, o lago pode ser considerado, em sua irradiação vertical, como o ponto de encontro, de intersecção e de síntese entre os níveis celeste, terreno e infernal. O lago coloca o homem em ressonância com o mundo imanente e transcendente, pois pode ser visto como um fio ou cordão que liga o homem ao cosmo. A água do lago realiza a função natural de toda água, que é a união, a relação e a comunicação entre as polaridades. E, porque estabelece facilmente esta ligação, o lago é um mediador e a grande via de comunicação simbólica, de cima para baixo e de baixo para cima. Ele é a ponte, a escada que liga o homem a Deus.

CAPÍTULO 6

As Sereias

As Sereias eram filhas do rio Aquelôo e de Melpômene ou de Estérope, ou ainda, numa variante mais recente, nasceram do sangue de Aquelôo, ferido por Héracles na disputa por Dejanira. Para Junito de Souza Brandão, o nome Sereia, em grego, não possui até o momento uma etimologia convincente. O significado mais próximo seria o de: aquela que encadeia, atrai os homens, sobretudo no mar.[1]

Segundo algumas narrações míticas, as Sereias eram jovens belíssimas que participavam do séquito de Perséfone. "A maioria dos gregos as considerava como Seelenvogel, uma alma-pássaro — o que, aliás, já está atestado no mundo egeu, bem antes dos inícios da época micênica (séc. XVI-XV a.C.) —, e as associavam aos pássaros que pousavam nas embarcações da época geométrica (séc. X-VIII a.C.), certamente com intenções nada pacíficas. Torna-se difícil, por isso mesmo, distingui-las das Harpias, embora estas atuem, as mais das vezes, isoladamente, e aquelas em dupla. A Harpia, além do mais, é menos musical e aprecia mais os jovens mortos que os vivos."[2]

"Quando mais tarde as Sereias surgiram na arte iconográfica com os pés palmitiformes e as Harpias conservaram as suas garras, afastaram-se ambas de seu modelo comum de origem, a ave ou alma-ba egípcia, tornando-se, assim, ainda mais temíveis. É que, primitivamente, as Sereias nada possuíam de ameaçador: sua função era 'alimentar' os mortos. Diferentemente das Harpias, que se preocupavam mais com o cadáver, aquelas estimulavam a inteligência que permanecia latente na psique. Penetrando no cadáver sob forma de ave, como a alma-ba egípcia, retemperavam-lhe as energias."[3]

Ovídio conta que quando Plutão raptou Perséfone, elas ficaram desoladas e pediram aos deuses que lhes dessem asas para que fossem procurar a sua jovem companheira por toda a terra, céu e mar. Deméter, irritada por não terem impedido o rapto da filha, transformou-as em almas-pássaros.

Um outro relato mítico diz que Afrodite lhes tirou a esfuziante beleza e as metamorfoseou como castigo por desprezarem os prazeres do amor. As filhas do rio Aquelôo possuíam o corpo de peixe da cintura para baixo e o tronco e a cabeça de mulher, mas em forma de pássaro. Desejavam o prazer, mas não podiam usufruí-lo. Então, atraíam os homens só para devorá-los.

As Sereias seduziam os navegadores com sua beleza e com a melodia de seu canto para, em seguida, arrastá-los para o mar. Atraíam com a sua música todos os navegadores que passavam perto de onde moravam e que cometiam a imprudência de escutar o seu canto. Elas possuíam tal poder de sedução que as vítimas não queriam mais retornar ao seu país e, esquecendo-se até de se alimentar, morriam de inanição. "Aliciantes, atraentes, mas perigosas, habitavam a ilha florida de Antemoessa. Vaidosas, quando não surgiam marinheiros costeando-lhes a ilha, apareciam solitárias, nuas da cintura para cima, experimentando um colar ou contemplando-se ao espelho. Eram hábeis músicas e cantoras. Partênope dedilhava a lira, Leucósia cantava e Ligia tocava flauta."[4]

As narrações mais antigas e comuns sobre as Sereias as descreviam, freqüentemente, como criaturas sedutoras que usavam a beleza do seu rosto e a melodia do seu canto para atrair os homens para o mar e os levar à morte por afogamento. Na imaginação coletiva ficou marcado, de forma prevalecente, este aspecto de sedução mortal destas figuras míticas femininas.

As Sereias cantam para encantar. Elas usavam o canto como um poder mortífero de atração sobre o outro. Este canto simboliza, portanto, as forças que perturbam e enfraquecem o estado de alerta e de vigília da consciência e que exercem a atração para o indeterminado, para os obscuros abismos dos aspectos instintivos do inconsciente. Dizia-se que os homens deixavam de se alimentar e até se esqueciam de voltar para o seu país. Ao canto sempre foi atribuído universalmente o poder primordial de adormecimento da consciência, de levar ao sono e ao encantamento, de perda de contato com a realidade.

No plano psicológico, o canto das Sereias representa os apelos irresistíveis dos impulsos do Id, do princípio do prazer, que buscam a satisfação de forma indiscriminada, imediata e absoluta e que abolem o controle e a mediação do princípio de realidade da consciência. As Sereias encarnam a noção do inconsciente freudiano: o lado mais sinistro e grotesco do inconsciente, que abriga os desejos de satisfação das paixões, não importa a que preço, e a ação dinâmica das pulsões reprimidas que visam burlar e assumir o governo da consciência.

Usando seu canto como arma sedutora, as Sereias exercem uma influência negativa sobre os princípios de ordem da consciência, levando à divisão e à desintegração da personali-

240

dade. O seu canto é um canto de morte, é o instrumento que leva à escravidão dos instintos todo aquele que se submete ao princípio do prazer absoluto. Elas simbolizam os aspectos autodestrutivos das pulsões desenfreadas que obedecem, de forma unilateral, ao processo primário.

Ulisses, o rei de Ítaca, conhecido pela sua coragem e prudência, é descrito por Homero como aquele que conseguiu resistir à prova heróica de controle do ego sobre os impulsos, simbolizada como o canto das Sereias. No caminho de retorno para casa, ele teria que passar pelo lugar habitado por elas. Mas, anteriormente prevenido e aconselhado por Circe, usou de uma estratégia que o permitiu escapar incólume deste canto. Para evitar a tentação e a morte, tapou os ouvidos de seus companheiros com cera, mas, desejando conhecer este canto perigoso, pediu que os seus nautas o amarrassem ao mastro do navio e que não o soltassem em hipótese alguma. Quando a nau de Ulisses se aproximou do lugar fatídico, as Sereias iniciaram o seu cântico de morte:

Aproxima-te daqui, preclaro Ulisses, glória ilustre dos aqueus!
Detém a nau para escutares nossa voz. Jamais alguém
passou por aqui, em escura nave, sem que primeiro
ouvisse a voz melíflua que sai de nossas bocas.
Somente partiu após se haver deleitado com ela e de ficar sabendo
muitas coisas. Em verdade sabemos tudo quanto, por vontade
dos deuses, aqueus e troianos sofreram na vasta Tróia,
bem como o que acontece na terra fecunda.
(*Odiss.*, XII, 184-189)

As Sereias, percebendo que os seus esforços eram em vão, precipitaram-se no mar e foram transformadas em rochedos. Movido pelo instinto de vida e por uma determinação egóica de não ceder às pulsões instintivas, o rei de Ítaca enfrenta as forças de morte, e estas perdem seu aspecto ameaçador, o seu poder dinâmico, e são transformadas em estruturas inativas.

Ulisses sabia o que representava o canto das Sereias, isto é, os fortes apelos dos impulsos primitivos da sua psique inconsciente, os impulsos regressivos e de morte que se opõem ao impulso evolutivo, de vida. Ulisses procurou não perder o controle da consciência para poder permanecer centrado e íntegro no seu objetivo espiritual: a aspiração ao sublime como ideal de seu caminho consciente. O herói impediu que os seus companheiros dessem ouvido aos chamados das Sereias. E ele mesmo, embora pudesse escutar-lhes o canto, isto é, tivesse a consciência dos apelos dos impulsos regressivos, amarrou-se ao mastro do seu navio e manteve-se centrado no princípio diretor da consciência, ao Self, para não ceder ao poder do canto de morte. Ulisses sentiu o ímpeto dos desejos, das paixões e inclinações, mas ficou imóvel a estes e assim pôde escapar da sedução de suas Sereias internas.

Ulisses, com sua atitude de alerta e previdência, evitou e soube como se defender da força sedutora das Sereias, por saber que elas encarnam os perigos da regressão, da *solutio* no seu sentido mais negativo. Manteve-se conscientemente ligado ao eixo central e vital do Self, ao desejo de evolução espiritual, e pôde fugir das ilusões das paixões e voltar à sua pátria. "Fugindo corajosa ou astuciosamente ao elemento aquático e às Sereias, Ulisses sequer sucumbe ao seu corpo, que ele sabe apenas ser um reflexo de sua alma. A alma ulissiana, este antinarciso, parte em busca da pátria, rumo ao Pai, para descobrir para além do corpo esta luz de que não é senão o reflexo, e para ter acesso enfim ao intelecto que reflete a luz primordial."[5]

As Sereias encarnam a sedução mortal, simbolizando as águas tenebrosas do mar inconsciente, que levam à dissolução e à morte; o abismo profundo e escuro das pulsões regressivas, onde o ego e a alma podem se perder. O amor que elas oferecem é o amor de morte, porque regressivo e contrário à vida. Por sua forte ligação simbólica com a morte, a intuição dos gregos representou as Sereias como imagens que adornavam os sarcófagos, como verdadeiras musas dos infernos, semelhantes às Harpias. Eurípides, na tragédia *Helena*, as evoca como cantoras fúnebres:

> *Vinde, Sereias, jovens aladas, virgens filhas da Terra,*
> *vinde acorrer a meus lamentos. Ao som da flauta ou da siringe,*
> *vinde acompanhar com lágrimas os meus prantos funéreos,*
> *com aflição as minhas penas, com trenos os meus cantares...*
> (*Hel.*, 169-173)

Para acentuar este aspecto de ligação com a morte, as Sereias foram consideradas também como a alma dos mortos que não completaram o seu destino, o seu caminho evolutivo, transformadas numa Seelenvogel, uma alma-pássaro, um vampiro. A busca do desenvolvimento se traduz como ligação com a vida. E o simétrico e oposto, a busca da regressão e da morte.

De acordo com o mito grego, as Sereias participavam do séquito de Perséfone, a rainha do mundo inferior. Elas são excelentes representações míticas da pulsão de morte freudiana. Pois a pulsão de morte é a pulsão para o inanimado, para a inatividade psíquica que se opõe à atividade evolutiva. Como diz Laplanche: "A pulsão de morte é a pulsão que tende a reduzir ao inanimado; é a pulsão das representações e não dos objetos, pois que os objetos se encontram, ao contrário, dissolvidos pela pulsão de morte..."[6] A pulsão de morte se opõe dialeticamente à pulsão de vida, pois enquanto a pulsão de morte procura romper os vínculos com os objetos e com a vida, a pulsão de vida tende a reconstituir os vínculos, as ligações com os objetos. "As pulsões de vida são aquilo em virtude do que, pelo amor do que, vivemos."[7]

O afogamento induzido pelas Sereias tem o significado de apelo irresistível exercido pela pulsão de morte, de afogamento psíquico do ego na escuridão da matéria, no princípio do prazer absoluto, nas demandas do Id, na desordem e no caos primitivo interior, onde a luz espiritual se apagou. O afogamento representa a perda da direção da consciência, o se deixar levar por um impulso muito forte e incontrolável, do qual o indivíduo não pode escapar e que leva à destrutividade e à morte. O afogamento como perda da consciência, da luz, corresponde ao suicídio do ego e da alma.

As Sereias, deste ponto de vista, representam os aspectos negativos ligados ao mergulho no desconhecido, os aspectos perigosos do mar tenebroso de que falam os alquimistas. E como diz Bachelard: "Na verdade, o salto no mar reaviva, mais que qualquer outro acontecimento físico, os ecos de uma iniciação perigosa, de uma iniciação hostil. É a única imagem exata, razoável, a única imagem que se pode viver, do salto no desconhecido. Não existem outros saltos reais que sejam saltos no desconhecido. O salto no desconhecido é um salto na água. É o primeiro salto do nadador noviço."[8]

O canto das Sereias é o chamamento para um mergulho na nudez, na indiferenciação do ser, na dissolução do ego e na conseqüente desistência do seu caminho em busca da evolução espiritual. A Bíblia também mostra exemplos da *solutio* através da qualidade erótica negativa e regressiva ligada à visão da nudez da mulher e do banho. A nudez da mulher geralmente representa a nudez da mãe e, portanto, o desejo regressivo de fusão com esta. Davi espionou Betsabá no banho e assim começou a dissolução deste homem íntegro. Um texto apócrifo descreve dois anciãos que se aproximam luxuriosamente de uma mulher, Suzana, que se banhava. Depois de terem cometido perjúrio, encontram o caminho de sua dissolução.

A mitologia grega conta que Ártemis puniu um caçador chamado Actéon por tê-la surpreendido nua enquanto se banhava num lago. Ártemis o transformou num cervo, e ele, depois, foi despedaçado por cães. Actéon, com o seu ato compulsivo, regride à forma animal e perde a integridade psíquica. Essas narrações apontam para a necessidade de entender a compulsão pela visão da imagem da nudez feminina como um desejo regressivo de curiosidade pelo corpo da mãe. A nudez das Sereias remete simbolicamente à nudez da mãe e representa este caráter negativo dos impulsos e desejos regressivos incontroláveis.

Actéon é dissolvido por sua luxúria, que é um agente de dissolução regressiva, de fragmentação psíquica. A excessiva ligação com o aspecto sensual, sexual e corporal do amor, representado pela sedução das Sereias, pode levar a uma *solutio* no seu sentido negativo de dissolução regressiva do ego e do impulso evolutivo e espiritual do homem. Na realidade, a vivência excessiva dos sentidos e do lado material da vida, de uma forma geral, faz com que a energia psíquica aderida a esta polaridade fique impedida de alcançar um nível mais transcendente e espiritualizado. As Sereias simbolizam a tendência psíquica humana de atração pelos aspectos primitivos e menos evoluídos.

Meio mulher, meio peixe, a Sereia possui um duplo aspecto: o lado humano, civilizado, e o lado animal, instintivo, simbolizando a divisão do homem que está ligado à civilização e ao selvagem. O homem possui o lado peixe, que está em conflito com o humano. Ele tanto deseja a evolução quanto se perder na regressão. Este lado peixe-instintivo das Sereias possui caráter marcadamente negativo, como as forças instintuais do homem civilizado, que, muitas vezes, adquirem uma qualidade destrutiva e perigosa.

As Sereias são um convite para a vivência de aspectos ilusórios e narcísicos como a vaidade, o poder, a competição, o desempenho, que levam o ego a se desenvolver dissociado de sua ligação com o Self, da sua Fonte Divina. Na Odisséia, as Sereias foram descritas como devoradoras de homens. Entre as flores de sua ilha são encontrados montes de ossos em estado de putrefação. Na verdade, elas são antes de tudo devoradoras de almas, pois, com a sua tentação para a vaidade ilusória, para a fama e o poder, elas aprisionam a alma, afastando-a da vida, do espírito.

Portanto, não é somente através do canto que as Sereias exercem um poder de sedução. Elas apresentam um outro tipo de perigo para alma, o oferecimento da banalidade e da trivialidade que desvia o indivíduo de seu caminho evolutivo espiritual e o ilude com as gratificações narcísicas e efêmeras do mundo das aparências. Elas são as representações das tentações às quais o ser humano é submetido ao longo do caminho da vida e que impedem a sua evolução e o enganam, fazendo-o deter-se antes de haver completado o seu trajeto de volta para a casa do Pai.

A beleza que elas oferecem é ilusória e é o instrumento de sedução, de atração irresistível, que leva o indivíduo ao abandono e à negação do caminho espiritual. A sua beleza é uma beleza de morte, porque contém a vaidade lasciva, a indução e a provocação para a vivência exacerbada dos sentidos e do poder. Elas encarnam a beleza diabólica, que possui um aspecto marcadamente sedutor e atraente. No budismo, Mara é um ser diabólico que representa a morte e a sede e que, junto com suas filhas Desejo, Inquietude e Prazer, procura obstruir o caminho do devoto que busca a sabedoria espiritual.

As Sereias reúnem a beleza e a fealdade, o amor e a morte, o prazer e o sofrimento. Elas representam o aspecto do duplo, da ambigüidade, do conflito ligado ao diabólico, pois o diabo representa a ambigüidade, a dubiedade, a incerteza e a divisão, enquanto o divino representa a harmonia, a união e a paz. É quando está em conflito, quando se divide, sem poder decidir o caminho a seguir, deus ou o diabo, a vida ou a morte, que o indivíduo abre a possibilidade de ser tentado pelas suas Sereias.

Na obra de Goethe, Fausto abre as portas para a aparição sedutora de Mefistófeles quando põe em dúvida o caminho a seguir — o do apego sensual ao mundo contingente da matéria ou o da busca da vida espiritual:

> *Apenas tens consciência de um anseio;*
> *A conhecer o outro, oh, nunca aprendas!*
> *Vivem-me duas almas, ah, no seio,*
> *Querem trilhar em tudo opostas sendas;*
> *Uma se agarra com sensual enleio*
> *E órgão de ferro, ao mundo e à matéria;*
> *A outra, soltando à força o térreo freio,*
> *De nobres manes busca a plaga etérea.*
> *Ah, se no espaço existem numes,*
> *Que tecem entre céus e terra o seu regime,*
> *Descei dos fluidos de ouro, dos etéreos cumes,*
> *E a nova, intensa vida conduzi-me!*
> *Sim! fosse meu um manto de magia,*
> *Que a estranhos climas me levasse prestes,*
> *Pelas mais deslumbrantes vestes,*
> *Por mantos reais eu não o trocaria.*[9]

Toda função psíquica que opera de uma forma conflituosa, dividida e inconsciente pode ser considerada diabólica. O Mefistófeles de Goethe representa essa dissociação inconsciente que age de forma autônoma. A esse respeito comenta Jung: "Mefistófeles é o aspecto diabólico de toda função psíquica que se tenha soltado da hierarquia da psique total e goza de independência e poder absoluto. Esse aspecto, contudo, só pode ser percebido quando a função se torna uma entidade separada e é objetivada ou personificada..."[10] A única possibilidade de superação do conflito diabólico é pela via simbólica, que representa a via divina, pois une as polaridades, integrando-as num todo harmonioso e significativo.

O relacionamento com as Sereias corresponde simbolicamente a um pacto com o diabo. Elas oferecem a vivência absoluta do prazer sem qualquer outra mediação. Mefistófeles oferece ao dividido Fausto o desfrute de um prazer muitas vezes maior do que o habitual em detrimento dos prazeres espirituais:

> *Daquilo que aos sentidos praz,*
> *Numa hora mais desfrutarás*
> *Do que em geral num ano inteiro.*
> *Dos meigos gênios os cantares,*
> *Os lindos quadros que diluem nos ares,*
> *Não são mendaz, mágica folga*
> *O teu olfato se há de deliciar,*
> *Distrai-se, após teu paladar,*
> *E teu sentir, enfim se empolga.*
> *O prólogo sem mais se abstrai,*
> *Estamos juntos, principiai!*[11]

As Sereias são as representantes femininas do símbolo do diabo, como a força que tem por finalidade a experiência da instintividade em seu grau mais absoluto e dos desejos em todas as suas formas mais extremas, que se opõe à finalidade evolutiva espiritual. É o que propõe Mefistófeles a Fausto:

> *Queres, sem freio ou mira estreita,*
> *Provar de tudo sem medida,*
> *Petiscar algo de fugida?*

Bem te valha o que te deleita!
Porém, agarra-o sem pieguice![12]

A vida do excesso e do desregramento fora da finalidade dionisíaca, que é espiritual e que visa corrigir a unilateralização apolínea, sempre leva à indiscriminação egóica. Os antigos textos hindus previnem contra qualquer tipo de excesso. Como diz o *Bhagavad Gïta*, que propõe o caminho do meio:

"A união mística com a divindade não é atingível, porém, para aquele que é comilão, nem para quem jejua demasiadamente, nem para o dorminhoco, nem para quem se debilita por demasiadas vigílias. Quem quer ser iogue há de evitar os extremos e seguir o dourado caminho do meio.

"A ciência iogue, que destrói o sofrimento, é realizável para os que observam moderação e temperança em comida e recreio, em ação e descanso; para aqueles que, fugindo do mal do excesso em ação, não caem no mal oposto do excesso em repressão.

"O homem que se abstém, às vezes sucumbe ainda ao ataque repentino de um desejo tumultuoso; mas quem conhece que o seu eu Real é a única realidade, esse é o senhor de si mesmo, de seus desejos e de seus sentidos."[13]

As Sereias, propondo a via dos excessos e da exacerbação dos sentidos, de acordo com a sua finalidade instintual, atraem para a experiência da regressão instintiva, para a exaltação imaginativa dos desejos e, como conseqüência, para a fixação num nível inferior do desenvolvimento, com o abandono do esforço em direção à evolução.

Elas atraem para a queda, para o mergulho no fundo escuro do mar, para o abismo obscuro do ser de cada um. A sedução das Sereias e o apego às trivialidades da vida material cotidiana representam a queda original e a falta do homem diante da divindade, o seu esquecimento de Deus e dos mistérios essenciais da vida.

A queda é o movimento oposto à ascensão, pois leva para a escuridão da matéria, enquanto a ascensão leva para a luz, para a união com o divino. A queda, ou o afogamento provocado pelas Sereias, tem portanto o significado de morte da alma. O ser, reduzido à vivência das banalidades da vida, se torna melancólico porque a sua luz interior se apaga. Ele procura, então, dissimular este vazio interior com a busca da intensificação dos prazeres e das sensações ou do automatismo excessivo do trabalho.

Quando a vida do homem se torna desprovida de toda direção interior e de um sentido transcendente ligado ao Self, ele tende a se adaptar excessivamente às convenções e valores sociais, que guiam e determinam o seu comportamento. O indivíduo se torna banalizado pelas forças materializantes e esquece a sua essência divina. Com a morte da vida espiritual, isto é, da alma, com o apagar do fogo interior, a inteligência, os sentimentos e a alegria de viver também se apagam.

As Sereias representam exatamente esta força que se opõe ao espírito, ao movimento em direção à luz. Esses seres encarnam o destino do homem, que é fazer a escolha entre espírito e matéria. Mas, como o divino opera por meios misteriosos, aquilo que na aparência é mal pode ser também uma via para o bem. Como diz Mefistófeles, indagado por Fausto sobre a sua identidade:

Fausto

Com vossa espécie a gente pode ler
Já pelo nome o ilustre ser,
Que se revela sem favor
Com a marca de mendaz, blasfemo, destruidor.
Pois bem, quem és então?

Mefistófeles

Sou parte da Energia
Que sempre o mal pretende e que o bem sempre cria.[14]

O ser da água cristalina
brota
música em cada nota transparente
útil como líquida vem da rocha
    que o sol ilumina
    sobre as pedras
    e agora é só luz

O ser da água cristalina
só sente o que é puro
o que é sujo ele alquimiza
    em suor e transforma em água
    água do jejum da manhã
    bebida com calma
    paciência de gole em gole
    de gota em gota
    e em cada gesto um gosto de prazer
    tecer o ser em paz

    O ser da água cristalina
    é fonte limpa
    e se derrama sobre a mente suja
    que ele faz ser um espírito translúcido

para sentir o que reluz no pêlo dos quadrúpedes
o que torna macia a pele e a pluma dos bípedes
o que deixa com cor o âmago das flores
o desenho lindo que compõe as folhas
dá sabor o que semeia os frutos
e a densa dança em que se guardam as pedras

O ser da água cristalina
diz da clara alma dos que não sabem em si
transborda feito um poço
cura os que ignoram
ama os que não sabem que tudo é líquido, flexível
e em todo lugar os sentimentos moldam amor e água

O ser da água cristalina
jorra
consciência de uma gota que sabe o dia de ser mar...
momentos de ser simples
jeitos de ser nada
o um de ter tudo
a nuvem
a chuva
a terra
o fogo
o ar.

Bené Fonteles

Bibliografia

Introdução

1. *Bhagavad Gïta. A Mensagem do Mestre*, p. 86. Editora Pensamento, São Paulo, 1993.
2. Eliade, Mircea. *O Sagrado e o Profano*, p. 140. Edição Livros do Brasil, Lisboa, 1977.
3. Citado por Richard Heinberg in *Memórias e Visões do Paraíso*, p. 33. Editora Campus, Rio de Janeiro, 1991.

PARTE I — ÁGUAS MASCULINAS

1. Oceano: A Água Primordial

1. Brandão, Junito de Souza. *Dicionário Mítico-Etimológico*, Vol. II, p. 180. Editora Vozes, Petrópolis, 1992.
2. Kerényi, K. *Os Deuses Gregos*, p. 25. Editora Cultrix, São Paulo, 1993.
3. Neumann, Erich. *História da Origem da Consciência*, p. 33. Editora Cultrix, São Paulo, 1990.
4. Ibid., p. 28.
5. Torrano, Jaa. *O Sentido de Zeus*, p. 69. Roswitha Kempf Editores, São Paulo, 1988.
6. Eliade, Mircea. *O Conhecimento Sagrado de Todas as Eras*, p. 28. Mercuryo, São Paulo, 1995.
7. Lao Tsé. *Tao Te King*. Editorial Estampa, Lisboa, 1977.
8. Bachelard, Gaston. *A Água e os Sonhos*, p. 10. Martins Fontes Editora, São Paulo, 1989.

9. Goethe, Johann Wolfgang. *Fausto*. Tradução de Jenny Klabin Segall, p. 330. Villa Rica Editoras Reunidas Limitada, Belo Horizonte, 1991.
10. Eliade, Mircea. *Tratado de História das Religiões*, p. 255. Edições Cosmos, Lisboa, 1977.
11. Ibid., p. 258.
12. *Bhagavad Gïta. A Mensagem do Mestre*, pp. 102, 103, 113. Editora Pensamento, São Paulo, 1993.

2. Os Velhos do Mar: Fórcis, Proteu e Nereu

1. Kerényi, K. *Os Deuses Gregos*, p. 47. Editora Cultrix, São Paulo, 1993.
2. Idem, ibid.
3. Vernant, Jean-Pierre. *Mito e Pensamento entre os Gregos*, p. 175. Editora da Universidade de São Paulo, São Paulo, 1973.
4. Bachelard, Gaston. *A Água e os Sonhos*, p. 75. Martins Fontes Editora, São Paulo, 1989.
5. Ibid., p. 77.
6. Diel, Paul. *El Simbolismo en la Mitología Griega*, p. 47. Editorial Labor, Barcelona, 1976.
7. Eliade, Mircea. *Tratado de História das Religiões*, p. 241. Edições Cosmos, Lisboa, 1977.
8. *Os Upanishades*, p. 29. Publicações Europa-América.
9. Hesíodo. *Teogonia. A Origem dos Deuses*, p. 119. Tradução de Jaa Torrado. Iluminuras, 1995.
10. *Bhagavad Gïta. A Mensagem do Mestre*, p. 124. Editora Pensamento, São Paulo, 1993.
11. Ibid., p. 124.
12. Jung, C. G. *Aion. Estudo sobre o Simbolismo do Si-Mesmo*, pp. 206-207. Editora Vozes, Petrópolis, 1982.

3. Posídon: O Deus-Cavalo

1. Brandão, Junito de Souza. *Dicionário Mítico-Etimológico*, Vol. II, p. 315. Editora Vozes, Petrópolis, 1992.
2. Kerényi, K. *Os Deuses Gregos*, p. 146. Editora Cultrix, São Paulo, 1993.
3. Brandão, Junito de Souza. *Dicionário Mítico-Etimológico*, Vol. II, p. 316. Editora Vozes, Petrópolis, 1992.
4. Bornheim, Gerd A. (org.). *Os Filósofos Pré-Socráticos*, p. 54. Editora Cultrix, São Paulo, 1985.

5. Brandão, Junito de Souza. *Dicionário Mítico-Etimológico*, Vol. II, p. 315. Editora Vozes, Petrópolis, 1992.
6. Goethe, Johann Wolfgang. *Fausto*, p. 325. Tradução de Jenny Klabin Segall. Villa Rica Editoras Reunidas Limitada, Belo Horizonte, 1991.

4. Tritão: O Mensageiro de Posídon

1. Kerényi, K. *Os Deuses Gregos*, p. 147. Editora Cultrix, São Paulo, 1993.
2. Brandão, Junito de Souza. *Dicionário Mítico-Etimológico*, Vol. II, p. 463. Editora Vozes, Petrópolis, 1992.
3. Bornheim, Gerd. A. (org.). *Os Filósofos Pré-Socráticos*, p. 27. Editora Cultrix, São Paulo, 1985.
4. Jung, C. G. *Aion. Estudos sobre o Simbolismo do Si-Mesmo*, p. 104. Editora Vozes, Petrópolis, 1982.
5. Ibid., p. 105.
6. Ibid., p. 136.
7. Eliade, Mircea. *Imagens e Símbolos*, p. 133. Editora Arcádia, Lisboa, 1979.

5. Glauco: Aquele que Possui a Cor Azul-clara do Mar

1. Eliade, Mircea. *O Conhecimento Sagrado de Todas as Eras*, p. 147. Editora Mercuryo, São Paulo, 1995.
2. Ibid., p. 193.
3. *Mutus Liber. O Livro Mudo da Alquimia.* Ensaio introdutório e comentários e notas de José Jorge de Carvalho. Attar Editorial, São Paulo, 1995.
4. Eliade, Mircea. *Tratado de História das Religiões*, p. 352. Edições Cosmos, Lisboa, 1977.
5. Ibid., p. 353.
6. Eliade, Mircea. *O Conhecimento Sagrado de Todas as Eras*, pp. 193, 194. Editora Mercuryo, São Paulo, 1995.
7. Eliade, Mircea. *Mitos, Sonhos e Mistérios*, p. 189. Edições 70, Lisboa, 1989.
8. Ibid., p. 190.
9. Ibid., p. 189.
10. Jung, C. G. *Mysterium Coniunctionis*, p. 115. Obras Completas de C. G. Jung, Vol. XIV. Editora Vozes, Petrópolis, 1985.
11. Eliade, Mircea. *Mitos, Sonhos e Mistérios*, p. 189. Edições 70, Lisboa, 1989.
12. Ibid, p. 187.
13. Eliade, Mircea. *Tratado de História das Religiões*, p. 240. Edições Cosmos, Lisboa, 1977.
14. Ibid., p. 241.

15. Jung, C. G. *Mysterium Coniunctionis*, p. 191. Obras Completas, Vol. XIV. Editora Vozes, Petrópolis, 1985.
16. Ibid., pp. 191, 192.
17. Jung, C. G. *Mysterium Coniunctionis*, p. 183. Editora Vozes, Petrópolis, 1985.
18. Chevalier, Jean e Alain Gheerbrant. *Dicionário de Símbolos*. José Olympio Editora, Rio de Janeiro, 1988.
19. Jung, C. G. *Ab-Reação, Análise dos Sonhos, Transferência*, p. 116. Editora Vozes, Petrópolis, 1987.
20. Bachelard, G. *A Água e os Sonhos*, p. 51. Martins Fontes Editora, São Paulo, 1989.

6. Os Deuses-Rios: Aquelôo, Escamandro, Céfiso

1. Eliade, Mircea. *Tratado de História das Religiões*, p. 248. Edições Cosmos, Lisboa, 1977.
2. Bornheim, Gerd. A. (org.). *Os Filósofos Pré-Socráticos*. Editora Cultrix, São Paulo, 1985.
3. Bachelard, Gaston. *A Água e os Sonhos*, p. 7. Martins Fontes Editora. São Paulo, 1989.
4. Citado por Gaston Bachelard em Ibid., p. 45.
5. Ibid., p. 58
6. Eliade, Mircea. *Tratado de História das Religiões*, p. 232. Edições Cosmos, Lisboa, 1977.
7. Cavalcanti, Raïssa. *O Mito de Narciso*, p. 94. Editora Cultrix, São Paulo, 1992.
8. Bachelard, Gaston. *A Água e os Sonhos*, p. 75.
9. Ibid., p. 84.
10. Cavalcanti, Raïssa. *O Mito de Narciso*, p. 96.
11. Commelin, P. *Nova Mitologia Grega e Romana*, p. 118. Editora Itatiaia, Belo Horizonte, 1983.
12. Eliade, Mircea. *Tratado de História das Religiões*, p. 247.
13. Ibid., p. 342.

7. Os Rios do Mundo Inferior

1. Brandão, Junito de Souza. *Dicionário Mítico-Etimológico*, p. 395. Editora Vozes, Petrópolis, 1991.
2. Ibid., p. 97.
3. Ibid., p. 97.

4. Ibid., p. 282.

5. Ibid., p. 44.

6. Eliade, Mircea. *O Conhecimento Sagrado de Todas as Eras*, p. 183. Editora Mercuryo, São Paulo, 1995.

7. Ibid., p. 211.

8. *Bhagavad Gïta. A Mensagem do Mestre*, pp. 30, 31. Editora Pensamento, São Paulo, 1993.

9. Frost, Robert. "Fire and Ice", in *Complete Poems of Robert Frost*, p. 268. Henry Holt and Co., Nova York, 1949.

10. *Bhagavad Gïta. A Mensagem do Mestre*, p. 63. Editora Pensamento, São Paulo, 1993.

11. Kazantzakis, Nikos. *The Saviors of God*, p. 128. Simon and Schuster, New York, 1960.

12. *Bhagavad Gïta. A Mensagem do Mestre*, p. 34.

13. Edinger, F. Edward. *Anatomia da Psique*, p. 59. Editora Cultrix, São Paulo, 1990.

14. Jung, C. G. *Mysterium Coniunctionis*, p. 181. Editora Vozes, Petrópolis, 1985.

15. Eliade, Mircea. *O Conhecimento Sagrado de Todas as Eras*, p. 211. Editora Mercuryo, São Paulo, 1995.

16. Ibid.

17. Bachelard, Gaston. *A Água e os Sonhos*, p. 58. Martins Fontes Editora, São Paulo, 1989.

8. Zeus: O Deus Chuvoso

1. Eliade, Mircea. *História das Crenças e das Idéias Religiosas*. Tomo I, Vol. 2, p. 77. Zahar Editores, Rio de Janeiro, 1978.

2. *Bhagavad Gïta. A Mensagem do Mestre*, p. 46. Editora Pensamento, São Paulo, 1993.

3. Vernant, Jean-Pierre. *Mito e Religião na Grécia Antiga*, p. 39. Papirus, Campinas, 1992.

4. Eliade, Mircea. *Mefistófeles e o Andrógino*, pp. 13-14. Martins Fontes Editora, São Paulo, 1991.

5. Eliade, Mircea. *O Sagrado e o Profano*, p. 130. Edição Livros do Brasil, Lisboa, 1977.

PARTE II — ÁGUAS FEMININAS

1. Tétis: A Senhora das Águas Universais

1. Neumann, Erich. *História da Origem da Consciência*, p. 29. Editora Cultrix, São Paulo, 1990.
2. Ibid., p. 31.
3. Ibid., p. 38
4. Ibid., p. 31.
5. Neumann, Erich. *The Great Mother*, p. 128. Princeton University Press, New Jersey, 1972.
6. Chevalier, Jean e Alain Gheerbrant. *Dicionário de Símbolos*, p. 542. José Olympio Editora, Rio de Janeiro, 1988.
7. Jung, C. G. *Símbolos de Transformação*, p. 204. Editora Vozes, Petrópolis, 1986.
8. Neumann, Erich. *The Great Mother*, p. 146. Princeton University Press, New Jersey, 1972.
9. Cavalcanti, Raïssa. *O Mundo do Pai. Mitos, Símbolos e Arquétipos*, p. 11. Editora Cultrix, São Paulo, 1996.
10. Neumann, Erich. *História da Origem da Consciência*, p. 17. Editora Cultrix, São Paulo, 1990.

2. As Ninfas

1. Souza Brandão, Junito. *Dicionário Mítico-Etimológico*, Vol. II, p. 172. Editora Vozes, Petrópolis, 1992.
2. Ibid., p. 173.
3. Cavalcanti, Raïssa. *O Mito de Narciso, o Herói da Consciência*, p. 104. Editora Cultrix, São Paulo, 1992.
4. Cavalcanti, Raïssa. *O Mito de Narciso, o Herói da Consciência*, p. 132. Editora Cultrix, São Paulo, 1992.
5. *Os Upanishades*, p. 101. Publicações Europa-América.
6. Hillman, James. *O Mito da Análise*, p. 101. Editora Paz e Terra, Rio de Janeiro, 1984.

3. As Filhas de Nereu: As Nereidas

1. Brandão, Junito de Souza. *Dicionário Mítico-Etimológico*, Vol. II, p. 165. Editora Vozes, Petrópolis, 1992.

2. Goethe, Johann Wolfgang. *Fausto*. Tradução de Jenny Klabin Segall, p. 331. Villa Rica Editoras Reunidas Limitada, Belo Horizonte. 1991.
3. *Os Upanishades*, p. 17. Publicações Europa-América.
4. *Os Upanishades*, p. 62. Publicações Europa-América.
5. Chevalier, Jean e Alain Gheerbrant. *Dicionário de Símbolos*, p. 658. José Olympio Editora, Rio de Janeiro, 1988.
6. Eliade, Mircea. *O Sagrado e o Profano*, p. 24. Edição Livros do Brasil, Lisboa, 1977.
7. Neumann, Erich. *The Great Mother*, p. 34. Princeton University Press, Princeton. New Jersey, 1972.

4. As Fontes e suas Ninfas: As Náiades ou Crenéias

1. Brandão, Junito de Souza. *Dicionário Mítico-Etimológico*, Vol. II, p. 153. Editora Vozes, Petrópolis, 1992.
2. Ibid., p. 153.
3. Ibid., p. 153.
4. Ibid., p. 280.
5. Bachelard, Gaston. *A Água e os Sonhos*, p. 146. Martins Fontes Editora, São Paulo, 1989.
6. Brandão, Junito de Souza. *Dicionário Mítico-Etimológico*, p. 154.
7. *Bhagavad Gïta. A Mensagem do Mestre*, p. 46. Editora Pensamento, São Paulo, 1993.
8. Bachelard, Gaston. *A Água e os Sonhos*, p. 28. Martins Fontes Editora, São Paulo, 1989.
9. Eliade, Mircea. *Tratado de História das Religiões*, p. 244. Editora Cosmos, Lisboa, 1977.
10. Jung, C. G. *Ab-Reação, Análise dos Sonhos e Transferência*, p. 72. Obras Completas, Vol. XVI. Editora Vozes, Petrópolis, 1987.
11. Eliade, Mircea. *Tratado de História das Religiões*, p. 236. Editora Cosmos, Lisboa, 1977.
12. Ibid., p. 237.
13. Ibid., p. 239.
14. Ibid., p. 247.
15. Chevalier, Jean e Alain Gheerbrant. *Dicionário de Símbolos*, p. 87. José Olympio Editora, Rio de Janeiro, 1988.
16. Eliade, Mircea. *Tratado de História das Religiões*, p. 323. Editora Cosmos, Lisboa, 1977.
17. Ibid., p. 336.
18. Citado por Harold Bloom in *Folha de S. Paulo*, 7 jul. 1996.

19. Guénon, René. *Os Símbolos da Ciência Sagrada*, p. 51. Editora Pensamento, São Paulo, 1984.
20. Cavalcanti, Raïssa. *O Mundo do Pai. Mitos Símbolos e Arquétipos*, p. 156. Editora Cultrix, São Paulo, 1996.
21. Ibid., p. 178.
22. Ibid., p. 178.
23. Ibid., p. 178.
24. Eliade, Mircea. *Tratado de História das Religiões*, p. 246.
25. Chevalier, Jean e Alain Gheerbrant. *Dicionário de Símbolos*, p. 445. José Olympio Editora, Rio de Janeiro, 1988.
26. Campbell, Joseph e Bill Moyers. *O Poder do Mito*, p. 114. Editora Palas-Atena. São Paulo, 1990.
27. Eliade, Mircea. *Mitos, Sonhos e Mistérios*, p. 60. Edições 70, Lisboa, 1989.
28. Eliade, Mircea. *O Sagrado e o Profano*, p. 92. Edição Livros do Brasil, Lisboa, 1977.

5. Os Lagos, as Lagoas e suas Ninfas: As Limneidas

1. Chevalier, Jean e Alain Gheerbrant. *Dicionário de Símbolos*, p. 533. José Olympio Editora, Rio de Janeiro, 1988.
2. Eliade, Mircea. *Tratado de História das Religiões*, p. 253. Editora Cosmos, Lisboa, 1977.
3. Bachelard, Gaston. *A Água e os Sonhos*, p. 51. Martins Fontes Editora, São Paulo, 1989.
4. Citado por Marilena Chauí, in *O Olhar*, p. 31. Companhia das Letras, São Paulo, 1988.
5. Descartes, *Principia Philosophiae*, p. 22. Tomo VIII-1. Editora A. P. Tannery, Paris.
6. Bachelard, Gaston. *A Água e os Sonhos*, p. 30. Martins Fontes Editora, São Paulo, 1989.
7. Ibid., p. 33.
8. Cavalcanti, Raïssa. *O Mito de Narciso*, p. 210. Editora Cultrix, São Paulo, 1992.
9. Bachelard, Gaston. *A Água e os Sonhos*.
10. Cavalcanti, Raïssa. *O Mito de Narciso*, p. 211.
11. Citado por Marilena Chauí in *O Olhar*, p. 49. Companhia das Letras, São Paulo, 1988.
12. Eluard, Paul. *Capitale de la Douleur*, p. 139. Gallimard, Paris, 1968.
13. Citado por Marilena Chauí in *O Olhar*, p. 31.
14. Bachelard, Gaston. *A Água e os Sonhos*, p. 25.

15. Citado por Marilena Chauí in *O Olhar*, p. 50.
16. Citado por Gaston Bachelard in *A Água e os Sonhos*, p. 52.
17. Bachelard, Gaston. *A Água e os Sonhos*, p. 51.
18. Ibid., pp. 49, 58.
19. Eliade, Mircea. *O Conhecimento Sagrado de Todas as Eras*, p. 115. Editora Mercuryo, São Paulo, 1995.
20. Chevalier, Jean e Alain Gheerbrant. *Dicionário de Símbolos*, p. 251.

6. As Sereias

1. Brandão, Junito de Souza. *Dicionário Mítico-Etimológico*, Vol. II, p. 375. Editora Vozes, Petrópolis, 1992.
2. Ibid., p. 376.
3. Ibid., p. 376.
4. Ibid., p. 376.
5. Kristeva, Julia. *Histórias de Amor*, p. 132. Editora Paz e Terra, São Paulo, 1988.
6. Laplanche, J. *A Sublimação. Problemáticas. III*, p. 181. Martins Fontes Editora, São Paulo, 1989.
7. Ibid., p. 181.
8. Bachelard, Gaston. *A Água e os Sonhos*, p. 172. Martins Fontes Editora, São Paulo, 1989.
9. Goethe. *Fausto*, p. 64. Villa Rica Editoras Reunidas Limitada, Belo Horizonte, 1991.
10. Jung, C. G. *Psicología y Alquimía*, p. 89. Plaza y Janes Editores, Barcelona, 1977.
11. Goethe. *Fausto*, p. 75.
12. Ibid., p. 85.
13. *Bhagavad Gïta. A Mensagem do Mestre*, pp. 76-77. Editora Pensamento, São Paulo, 1993.
14. Goethe. *Fausto*, p. 71.

O MITO DE NARCISO
O Herói da Consciência

Raïssa Cavalcanti

Este livro é uma contribuição para o processo de ampliação e compreensão do significado do mito de Narciso em nossa vida. Através de um resumo crítico, com reflexões e interpretações baseadas em opiniões de artistas, poetas e escritores de diferentes épocas, através do estudo dos personagens do mito com abordagens psicanalítica e junguiana e de uma análise do personagem principal, o herói Narciso, a autora nos convida a viver uma jornada mítica interior das mais valiosas.

O ser humano organiza a sua percepção do mundo, a princípio confusa, através de um processo crescente de elaboração das imagens externas e internas que se refletem no seu psiquismo. Através do seu reflexo no mundo e do reflexo do mundo nele, o homem cria a reflexão. Narciso é o espelho que transparece e deixa transparecer o movimento da vida, e tudo adquire significado.

Uma leitura indispensável a todos quantos queiram compreender a sua auto-imagem, o papel que ela desempenha no seu desenvolvimento e como transcendê-la.

* * *

De Raïssa Cavalcanti – psicoterapeuta de orientação junguiana – a Editora Cultrix já publicou *O Casamento do Sol com a Lua – Uma visão simbólica do masculino e do feminino*.

EDITORA CULTRIX

O CASAMENTO DO SOL COM A LUA

Raïssa Cavalcanti

Este livro trata da natureza e da história dos princípios feminino e masculino. Nele a autora mostra, com grande sensibilidade, a essência desses princípios na mitologia e, através do ancestral, pesquisa o fenômeno na sua origem arquetípica. Despindo os princípios feminino e masculino das noções estereotipadas e dos condicionamentos culturais para, desta maneira, nos apresentar a sua ação formadora da personalidade, Raïssa Cavalcanti delineia a natureza do feminino e o seu campo de atuação a partir da análise das deuses lunares, construindo uma original tipologia do feminino correspondente às fases lunares.

Numa análise radical, *O casamento do Sol com a Lua* mostra como o homem e a mulher vivenciam os princípios masculino e feminino na formação da consciência individual e apresenta ao mesmo tempo a maneira como esses princípios interagiram na consciência coletiva. Descrevendo a forma como essas vivências determinaram uma visão do mundo e novos modos de relacionamento entre o homem e a mulher, Raïssa Cavalcanti faz um retrospecto histórico, do mito do gênese até os nossos dias, para mostrar como o princípio feminino e a mulher foram percebidos pela humanidade e quais são, neste momento, as grandes modificações dessa percepção.

A Lua precisa ressurgir no céu da psique — diz a autora. — Só com a sua volta do exílio a que foi relegada é que o Sol poderá reconhecer a sua mais antiga noiva. O casamento do Sol com a Lua é o evento mais importante que deve acontecer neste momento, influenciando mudanças e transformações em todas as dimensões da vida humana. Quando o Sol permitir que a Lua mostre o seu brilho, que tem uma dimensão diferente, haverá o encontro do casal cósmico.

EDITORA CULTRIX

Outras obras de interesse:

O MUNDO DO PAI
Raïssa Cavalcanti

CAMINHOS ALÉM DO EGO
Roger N. Walsh e *Frances Vaughan* (orgs.)

A SINCRONICIDADE E O TAO
Jean Shinoda Bolen

ANDROGINIA - Rumo a uma Nova Teoria da Sexualidade
June Singer

O DESENVOLVIMENTO DA CRIANÇA E DO ADOLESCENTE
Sidney A. Manning

O ESPECTRO DA CONSCIÊNCIA
Ken Wilber

O HOMEM NA SUA PLENITUDE
Sam Keen

VIDAS NÃO VIVIDAS - O Sentido Psicológico da Perda Simbólica e da Perda Real na Morte de um Filho
Judith A. Savage

MANUAL COMPLETO DE ANÁLISE TRANSACIONAL
Stan Woolams e *Michael Brown*

A JORNADA MÍTICA DE CADA UM
Sam Keen e *Anne Valley-Fox*

O COMPLEXO DE BODE EXPIATÓRIO - Rumo a uma Mitologia da Sombra e da Culpa
Sylvia B. Perera

A EMERGÊNCIA DA CRIANÇA DIVINA - A Cura do Corpo Emocional
Rick Phillips

AS VARIEDADES DA EXPERIÊNCIA RELIGIOSA
William James

Peça catálogo gratuito à
EDITORA CULTRIX
Rua Dr. Mário Vicente, 374 - Fone: 272-1399
04270-000 - São Paulo, SP